Jean-Paul Sartre

Andrew Leak

关键人物·Critical Lives

萨特

〔英〕安德鲁·利克 著
张锦 译

北京大学出版社
PEKING UNIVERSITY PRESS

著作权合同登记号 图字：01-2008-4812

图书在版编目（CIP）数据

萨特 /（英）安德鲁·利克（Andrew Leak）著；张锦译. —北京：北京大学出版社，2019.4

（关键人物）

ISBN 978-7-301-25493-6

Ⅰ.①萨… Ⅱ.①安… ②张… Ⅲ.①萨特（Sartre, Jean Paul 1905—1980）—传记 Ⅳ.①B565.53

中国版本图书馆 CIP 数据核字（2018）第 011193 号

Jean-Paul Sartre by Andrew Leak was first published by Reaktion Books, London, 2006 in the Critical Lives series.
Copyright © Andrew Leak 2006
Simplified Chinese translation copyright © 2019 by Peking University Press.
All Rights Reserved.
本书中文简体字版经授权由北京大学出版社限在中华人民共和国境内（不包括香港特别行政区、澳门特别行政区和台湾）独家出版发行。

书　　名	萨特 SATE
著作责任者	〔英〕安德鲁·利克（Andrew Leak）著　张锦 译
责任编辑	李书雅　周彬
标准书号	ISBN 978-7-301-25493-6
出版发行	北京大学出版社
地　　址	北京市海淀区成府路 205 号　100871
网　　址	http://www.pup.cn　新浪微博：@北京大学出版社 @培文图书
电子信箱	pkupw@qq.com
电　　话	邮购部 010-62752015　发行部 010-62750672　编辑部 010-62750112
印 刷 者	天津联城印刷有限公司
经 销 者	新华书店 787 毫米 ×1092 毫米　32 开本　7.25 印张　121 千字 2019 年 4 月第 1 版　2021 年 1 月第 2 次印刷
定　　价	52.00 元

未经许可，不得以任何方式复制或抄袭本书之部分或全部内容。

版权所有，侵权必究

举报电话：010-62752024　电子信箱：fd@pup.pku.edu.cn

图书如有印装质量问题，请与出版部联系，电话：010-62756370

目录 Jean-Paul Sartre

i 序 言

001 第一章 镜厅中的孩童
051 第二章 战争和人
087 第三章 声名的代价
125 第四章 真实的震惊
159 第五章 不可多得的全球知识分子
203 第六章 萨特的死亡和生命

215 **参考文献**
222 **图片使用致谢**

1946年的让-保罗·萨特

序 言

随着对福楼拜（Flaubert）传记性研究的前三卷的问世，萨特评论道，如果他能够与这位伟大的小说家一同度过15分钟的时间，这比起读这位小说家卷帙浩繁的全部信件还更能使他对这位小说家有更多的了解。（当然，这先得假设萨特在福楼拜的陪同下待得了15分钟，因为他也确信福楼拜是一个无聊透顶的人！）像弗洛伊德（Freud），或者像能在一粒豆子中发现整个世界的佛教徒一样，萨特幻想着一个主体的全部人格——在15岁或者50岁时——都能通过他的每一个姿势或者眼神而表现出来；如不从伦理方面，而从生存方面来讲，喝的是茶而不是咖啡，用食指挠的是耳朵而不是耳郭，比起牡蛎更喜欢德国式的泡菜，同偷拿其父母的钱，被刑讯逼供而坦白；抛弃怀孕的伴侣或者把生命献给写作……一样都具有指示作用。当然，不会再有传记作者或者评论家能在萨特面前度过15分钟了，对此萨特自己可能会说:"再好不过了!"

当我最初开始认真研究萨特时,朋友和老师们都建议我说,我可以飞到巴黎见见他。我必须坦白承认,当六个月后萨特去世时,我感到了某种意义上的安心。安心之处在于不再需要对我自己或者其他人解释,为什么我没有欲望或者好奇心去与萨特会面:在我的书架上整整两米厚的文本当然包含了比我可能希望在蒙帕纳斯公寓一个眼瞎的行将就木的老人身上所发现的更多的"萨特"。25年来,两米已经变成了两米半,因为"萨特"随着每一本遗作的出版而继续扩展和变化。不仅如此:随着每一次值得注意的周年纪念日——没有比最近他的百年诞辰更值得注意的了——见证他生平的人,不管真正的见证者还是假称的见证人、推崇者还是贬低者、评论家批评者还是诠释者,都忙不迭给这件杰出的僵尸安装上越来越多的文本假肢。萨特在生前就和卡夫卡(Kafka)、博尔赫斯(Borges)、乔伊斯(Joyce)和普鲁斯特(Proust)一样是最常被人撰写的20世纪作家。但是为什么?他的著作没有乔伊斯或者普鲁斯特那般惊人的丰富语言,也没有像卡夫卡或者博尔赫斯的著作那样,带着意义总要被揭示的承诺来嘲笑他们的读者。至于为什么萨特和他的著作激励了如此多的读者去阅读,如此多的作家去写作,如此多的

序 言

思想家去思考和如此多的评论家去评论这个问题，确是一个值得思考的问题。如果萨特一生都在布宜诺斯艾利斯做图书馆管理员或者一生都在中欧的一个保险公司作为一个无名的职员奔波劳碌，我怀疑他的著作是否能吸引现在的读者群；这就是说，他的著作比任何其他的作品都离不开他这个人的形象。

这本书不打算对萨特著作做彻底的重新评估：这些阅读心得是我自己的，但我不是唯一一个以这种方式阅读的人。我的目的是描绘一些这样的方式，在这些方式中一个生命——通过那个经历它的人，通过那些分享它的人，通过那些后来者——也许可以变成"文字的"，我的目的还在于去探索这种"书写"中的关键是什么，以及表明为什么它在今天仍然值得阅读。

第一章 镜厅中的孩童

你似乎从头说起……然而结尾早已在那里,它改变了一切。在我们眼中,说话的人已经是故事的主人公。

——《恶心》

1906年9月17日一个叫让-巴蒂斯特·萨特(Jean-Baptiste Sartre)的人长眠于法国西南部蒂维耶镇(Thiviers)附近的小农场。当他死于七年前在中国感染的疟疾时,要是知道了80年后发生的事情,一定会疑惑不解:80年后一个勤勉的学者将拜访他的出生地,细察他海军生涯的记录,并且阅读他派驻海外时写给家里的信,以期弄清他是什么样的人。他做了什么,值得人们如此注意呢?不是别的,正是他的职责——他作为一个丈夫的职责:1904年秋的一天,他使安妮-玛丽·萨特(Anne-Marie Sartre),原姓施魏策尔(Schweitzer),这个他在五月迎娶的姑娘怀孕。这桩"天大的蠢事"导致，1906年9月，孩子在奶妈家愤愤不已，因为他妈妈为能腾出精力照顾临终的丈夫而将他安置在了那里。这个出生于1905年6月21日，取名让-保罗-夏尔-艾马尔·萨特（Jean-Paul-Charles-Aymard Sartre）的孩子，有朝一日将成为"萨特"，进而从遗忘中拯救其父亲，并赋以某种间接的不朽：儿子生下了父亲。但当半个世纪后，萨特试将自己的生涯形诸文字，提及父亲的仅寥寥数语："直至今日，我仍为对他知之甚少而感到惊讶。不过，他曾爱过，想活下去过，也曾感觉到自己奄奄一息，这些足以构成一个完整的人了。"[1] 我们决不能为这讣闻的简短所误导：在萨特的人文观中，学会成为一个"完整的人"并不是小事。

让-巴蒂斯特的死使安妮-玛丽失去了实质上的经济支持，也没有了像样的住处，所以她只好回到默冬（Meudon）与父母一起生活。她的父亲夏尔·施魏策尔（Charles Schweitzer）已经提前从教职中退了下来，但是因为多了几张嘴要养活，他又重操旧业。家人对安妮-玛丽没有一句怨言，大家都相安无事，然而对她的指责虽未明确说出，却无疑是存在的："无疑人们情愿接纳寡妇，却不喜欢年轻的单

---

[1] Jean-Paul Sartre, *Les Mots* (Paris, 1964), p. 19.

第一章　镜厅中的孩童

身妈妈,但实际上也相差无几。"[1] 在资产阶级世界观中,婚姻与其说是一种爱的表达,不如说是一种生意伙伴关系,显然,安妮-玛丽被人塞给了残次品。后来萨特把父亲的死视为他生命的关键时刻:这给他的母亲带来了十年的抚养子女之苦,却使他从不可避免的父子关系中提前解放出来,在萨特看来,这种父子关系必将会压垮他:"让-巴蒂斯特之死……它给母亲套上了枷锁,却给了我自由。"[2]

就这样,"普鲁"(Poulou)[3] 开始了十年的"幸福生活"。

《词语》(*Les Mots*)(萨特在五十多岁时写的自传)并没有被声称是客观真实的。确实,在该书的 50 页后,我们不无困惑地读道:"我以上所写的是假的,也是真的。不真不假,一如人们写的疯子的事,写的常人的事。"[4] 后来萨特称他所写的传记为"真实的小说",并补充说他也希望人们把《词语》当作小说来阅读,尽管"(我)对此书确信不疑"。牢记这些关于叙述的真实性的告诫,我们现在可以粗略地勾勒出萨特在《词语》中所讲述的自己童年经历的大致轮廓。

---

[1] *Les Mots*, p. 17.
[2] Ibid., p. 18.
[3] 萨特小时候的昵称。——译者注
[4] *Les Mots*, p. 61. See below, p. 122.

所有艺术家都是某种根源性暧昧（fundamental ambiguity）的牺牲品：一脚踩想象，另一脚踩现实，他们——用萨特所喜欢的形象——像美人鱼一样，鱼尾续人形。简而言之，他们是怪物。《词语》一书标举现实与想象的冲突，萨特试图以此书来解释那些让自己蜕变为怪物的抉择。普鲁——在其家中指萨特这个小孩——是作为一个几乎完美无瑕的孕育的结果出现在施魏策尔家中的：安妮-玛丽则终归是"带污点的处女"。他失去了父亲，也就失去了宿命。一个父亲至少可以给他些去叛逆的东西。虽说这也许是重压，但是父亲的律法至少可使儿子锚紧现实。父亲的缺席给予他的是一种"不可置信之轻"，有时却是不可承受之轻。

不幸的是，他早期童年时代的那种环境更不太可能在现实提供给他坚实根基。通读《词语》一书，萨特用了形容词 *vrai* 的法语双关语："真切的"（true）也是"实际的"（real）。施魏策尔家里每天都在上演着由主要丑角夏尔导演的家庭喜剧（comédie familia）。在这种风俗喜剧中，没有什么东西是十分真切的（真情实感被换算成资产阶级的繁文缛节），也没有什么东西是十分实际的。普鲁发现他已经被赋予了一个主要角色：他将扮演开心果，稍后扮演神童，从而使夏尔可以完善"当好外祖父的技艺"；路易丝（Louise）和安妮-

第一章 镜厅中的孩童

玛丽都是龙套:路易斯是一个有些犬儒、某种意义上性情乖戾的外祖母,她一般不会被普鲁的装模作样欺骗;安妮-玛丽没什么好说的:从来都是个顺从的女儿。

简言之,普鲁成了困在想象世界中的想象之子。更糟糕的是,他成了"不像话的小皇帝"[1],由身边阿谀奉承的媚臣来伺候。同龄人的陪伴可以"拯救"他,但是直到十岁他都只能在家里接受外祖父和母亲的教育。

吊诡的是"疾病"变成了医治的方式:"上述的一切都是在我头脑里发生的。既然别人把我看作想象中的孩子,我就以想象来自卫。"[2] 很快他就会用他手中的笔来自卫了,但是比起写作,阅读到来得更早。很显然,通过自学,普鲁狼吞虎咽地阅读着外祖父藏书室中的一切。在一个19世纪的文坛(Republic of Letters)成员的藏书室中能拥有的一切在这里都应有尽有,理所当然的,这小孩被灌输了半世纪前法兰西第二帝国时期中主导的文化和观念。我们并不是很确定普鲁是否真的很享受阅读拉伯雷(Rabelais)、高乃依(Corneille)、拉辛(Racine)、伏尔泰(Voltaire)和维尼

---

[1] Jean-Paul Sartre, *Les Carnets de la drôle de guerre,* texte établi et annoté par Arlette Elkaïm-Sartre (Paris, 1983 and 1995), p. 506.

[2] *Les Mots*, p. 97.

(Vigny),但是在他几乎不能理解他们这一点上还是很清楚的:一个七岁的孩子怎么可能理解高乃依关于荣誉的概念呢?当马车在鲁昂(Rouen)的街道上奔驰时,爱玛·包法利(Emma Bovary)和莱昂(Léon)正在车厢里干什么呢?在成人的持续凝视下,他模仿着读者全神贯注地投入到他正在阅读的书的姿态,正如普鲁是一个装腔作势的孩子一样,他也是一个装腔作势的读者。对他而言比较幸运的是,在公然地期待他变成一个书虫方面,他母亲和外祖母并没有夏尔那样热情。只要给他读一些更适合他年龄和理解力的读物就可以疗救他。一开始给他的是非常通俗的连环画漫画书,继而是少儿经典:儒勒·凡尔纳(Jules Verne)、《尼古拉斯·尼古尔贝》(*Nicholas Nickelby*)、《最后的莫希干人》(*The Last of the Mohicans*)。萨特把这些当作"真正的书"("*de vraies lectures*")。非常有趣的是,在现实和想象之间那种强有力的对抗中,"现实"或者是"真实"与次要的事物联系在一起:二流的文学(连环画、孩子们的书、侦探小说)、电影(当时正处在婴幼儿期的艺术形式)和未成年的他们自己联系在一起:他只能从边缘处孤独地看那些在卢森堡公园(Jardins du Luxembourg)里玩游戏的孩子们。

这些读物或许能将他带回到童年的真相,它们却裹挟

第一章 镜厅中的孩童

着"谬误"来加以实现：现实只能通过虚构来抵达。在普鲁发现哲学上的唯心论以前，像所有孩子一样，他已经是一个彻头彻尾的唯心论者了：首次遭遇这个世界是在《拉鲁斯大辞典》(*Grand Larousse*)的书页中，他成了谬误的牺牲者，而这种谬误将需要他日后花费30年的时间来根除：

> 正是在书中我首次遭遇了这个世界：(世界)经思想消化、分类、归档、甄别之后仍是让人敬畏的；我把自己杂乱无章的阅读经验和世界上现实情况的偶然性混为一谈。由此产生了我的唯心论，后来我花了30年的时间方始摆脱。[1]

在普鲁从阅读转向写作的过程中，这种唯心主义具有决定性的意义。

他的第一部"小说"叫作《寻蝶记》("For a Butterfly")，它完全是从他读过的一本连环画书里抄来的。这种唯心主义的幻觉从未被触动："万物个个谦恭地恳求有个名字。给每个事物命名，意味着既创造这个事物，又占有这个事物。这是

---

[1] *Les Mots*, p. 46.

我最大的幻觉。但要是没有这个幻觉,我大概绝不会成为作家了。"[1]这个孩子对写作的虚构其实是他虚构自我的方式:被成人那种篡改孩子、使孩子支离破碎的凝视目光扭曲和曲解的孩子怪物,现在可以开始变成一个简单的孩子了:"我在写作中诞生;在这之前只不过是影像、映像的游戏;从写第一部小说时起,我就知道了一个孩子已经悄悄滑入了镜厅之中。"[2]万事万物取决于从一个代词到另一个代词——从"我"到"他"——的篇章中。"他"只是"我"的欲望、恐惧和幻想的具体化这一点并不是很重要,重要的是它们形式上是不同的。这种转换给予作者同时沉迷于他的欲望又否认他的欲望的快感:"我经历着成为他的兴奋,但又不完全是他。"[3]

然而,这种可能的发现伴随着另外的欺骗。因对外孙想当职业作家的前景感到失望——这种人是他极度轻蔑的——夏尔转移了普鲁的志向,朝着一个显然更高贵的目标:他该成为——如施魏策尔历代一样的——教师;教师可以附带地搞点写作。夏尔为普鲁预见了一个非常安静平庸的命运;这个孩子却把它转换成了追寻文学不朽的梦。他将在一些小的

---

[1] *Les Mots*, pp. 53—54.

[2] Ibid., p. 130.

[3] Ibid., p. 125.

第一章 镜厅中的孩童

外省城镇实践教师这个吃力不讨好的职业,但是将同时用未被阅读和未被承认的杰作写满一个一个的笔记本。幻想改变着,但是一个版本是这样的:直到他死了,一些以前的学生将承担分门别类的整理任务,并且编辑他的笔记;在这些笔记中他们将发现遗失的大师之作,发现那能够拯救人性的杰作。其他的版本都是作者看到了盛誉在有生之年的到来,但是来得总是太晚了——认可总是与死亡相联系:

> 在这个改编了无数次的故事中有一件事使我震惊:从我看到我的名字见报之日起,我内在的某种东西出现了断裂,我完蛋了……两种**结局**(dénouements)其实是一致的:等到死才获得荣耀,或荣耀先降临然后把我置于死地,总之,写作的欲望包含着对生活的绝望。[1]

萨特在《词语》一书中所提及的他的"神经症",实际上是对通过艺术得到救赎机会的信仰。一方面,这是每一时每一秒的救赎:写作的身体实践——他一生的日常行为都像僧侣修行那样谨小慎微——提供了一种救赎的瞬间"稳定感":

---

[1] *Les Mots*, p. 161.

生存的软弱、无定形、莫名的流转被具有起因、经过和结果的世界所代替。更更重要的是结果将其必然性建立在起因和经过之上。虚幻之子通过代理变成了真实之子:"真实的笔，通过真实的文字，描写真实的事物。我倘若不变成真实的我，那才叫见鬼呢。"[1] 另外，神经症是一种不折不扣的末世论。从九岁开始——如果我们相信《词语》中所言——萨特确信他**已经**是一个伟大的作家。伟大的作家生产伟大的作品，但是他们需要一生的时间来致力于此；在作品完成前死亡不会到来：只要作品"在进行中"作家就不会死亡。这样全部作品（œuvre）变成了一个护身符，写作的日常实践——就像在山鲁佐德（Scheherezade）[2] 故事中一样——变成一个生死攸关的事情。

1915年10月，萨特进入了亨利四世中学。在那里度过的两年里他的"神经症"似乎进入了"潜伏期"："成人在我身上所寄托的重任，我虽不去想它了，但继续存在。"[3]

《词语》的叙述实际上结束于1917年，那时萨特上五年级（cinquième）（相当于英国的七年级）。介绍这一点的原因

---

[1] *Les Mots*, p. 136.
[2] 《天方夜谭》中的苏丹新娘。——译者注
[3] *Les Mots*, p. 193.

第一章 镜厅中的孩童

是 1917 年标志着他生命的一个真正的断裂。那年的 4 月 28 日，安妮－玛丽嫁给了约瑟夫·曼西（Joseph Mancy），一名——像她哥哥乔治（Georges）一样——毕业于享有盛名的理工学院巴黎综合理工学院（Ecole Polytechnique）的高才生。婚姻一下子解决了安妮－玛丽所有的问题：她获得了经济保障和社会地位，也结束了长久以来对父母的依赖，蒂维耶镇那儿的关于财产继承权的无休止的、不得体的争吵，已经成为她自她的第一任丈夫死后生存的痛苦之源，她现在找到了一个支持者，同时她也为她即将成为青少年的儿子找到了一个父亲。当然普鲁对于这种新形势并不十分乐观。他能怎样呢？至于曼西，他本可以把所罗门（Solomon）的智慧和约伯（Job）的隐忍结合起来，但这个男孩仍然憎恨他，把他视作来争夺他母亲的"安稳的所有权"[1]地位的篡位者。无论如何，对于曼西我们现在仅有的信息暗示出他并不充分地具有圣经上所描述的品质。作为里昂一个铁路工人的儿子，曼西 1917 年已经升为拉罗谢尔（La Rochelle）德洛奈－贝尔维尔（Delaunay-Belleville）造船厂的主管，1920 年他将在那里以工贼身份而出名。这是他的资产阶级习气，他到死都拒

---

[1] *Les Mots*, p. 25.

绝见萨特的伴侣西蒙娜·德·波伏娃（Simone de Beauvoir），原因是她和萨特从来没有结婚或者订婚！更糟糕的是他是一个"科学家"。远离人文而亲近精确的科学。我们无从得知曼西自己怎样看待他对他继子的责任，也不知道他怎样实际上宣告自己对此的无责，但是可以确定的是当他进入了那个角色的时候，他一定会加入文学中最令人憎恨的继父欧比克少校（Commander Aupick）的行列。[1] 很明显对于这个孩子而言，文化的错位伴随着同样重要的现实的重置：1917学年结束的时候，新的家庭单元搬到了拉罗谢尔。

萨特很少能够被劝服去回忆他的青少年时代，重现的主题无非是暴力和羞辱。暴力可能仅仅是青少年男孩惯见的暴力，但是青少年常规的暴力很可能会被当时法国正在交战中这个事实加剧。虽然拉罗谢尔远离前线，但是战争始终是存在的：供给船在海上被鱼雷袭击，城镇的驻地不断地被去往前线的增援浪潮冲击，也不断地被从前线回来的战俘冲击。更重要的是，男人们都出去打仗了，剩下带着需要马上变成一家之主的压力的男孩。萨特对于这种暴力的回顾性的

---

[1] 欧比克少校是诗人夏尔·波德莱尔令人憎恨的继父，波德莱尔的妈妈，像安妮－玛丽一样在孩子的父亲去世后改嫁了。

第一章 镜厅中的孩童

解释是，在这种暴力中看到了一种具体到拉罗谢尔社会人口统计数据的阶级斗争。萨特当时就读于拉罗谢尔的男子文法学校。这所学校里要么是费奈隆学院（Collège Fénelon）的绝对的贵族子弟，要么是一些已经辍学准备从商的"混混"。拉罗谢尔的街道是这些派系之间经常发生的持久战的场地。似乎是学校外面的日常暴力还不够，年轻的萨特还不得不遭受同学们的欺凌和嘲讽。因为巴黎口音、他以前的语言习惯和过时的文学修养——且不说他的灯笼裤和令人吃惊的斜视——萨特展现出十足的古怪性。他变成了——至少是照他自己的说法——学校里的代罪羔羊，但是他用他矮小的身体对此进行了全力的回击。为了谄媚折磨他的人，他一再地用想象来保护自己，他创造了许多虚构的女朋友。他的虚构被发现后，就有更多的轻蔑加在他身上。如果他不曾因近乎不可能的高超性能力而出名，也许他的同辈人还可以善待他呢。他从他妈妈那里偷了些零钱给他的"朋友们"买了糖果和蛋糕。当他这贼被发现时，他的痛苦加剧了。拉罗谢尔的磨难随着1920年夏萨特生病而结束，他被遣回了巴黎。

他以走读生的身份重新进入亨利四世中学，与三年前的朋友保罗·尼藏（Paul Nizan）再次相逢。1922年参加完法国高中毕业会考（baccalauréat），他决定和尼藏一起去上路易大帝中学以准备巴黎高等师范学院（Ecole Normale Supérieure，ENS）的入学考试。那时候，巴黎高师是所谓的培养共和国政治精英的"大学"（Grandes Ecoles）中最有声望的大学。为了参加这个竞争非常激烈的入学考试，必须进行两年的强化训练——巴黎高师预科班第一阶段（hypokhâgne）和巴黎高师预科班第二阶段（khâgne）。萨特第一本公开出版的小说在1922年到1924年之间初现端倪。与更加早熟的天才尼藏的竞争激发了他的"天职"，萨特小说《播种与潜水服》（*La Semence et le Scaphandre*）中的对手角色可以证明这一点。[1] 这个故事围绕一本文学评论的诞生展开，这本评论只是一本学生经营的评论——取了一个非常模糊的超现实主义（Surrealist）的标题《没有标题的杂志》（*La Revue sans Titre*）——发表了萨特的《病态的天使》（*L'Ange du morbide*）全文和《耶稣—猫头鹰》（*Jésus la Chouette*）的好几章。这些早期作品的风格有些僵硬，且经常有些说教。然而这些作品中还是存在着成熟萨特的读者可以立即识别的"萨特风"因素：（《病态的天使》中）病态的性肖像；或者，

---

[1] 这部分所涉及的早期文本全部可以在让-保罗·萨特的 *Ecrits de Jeunesse*（1990年于巴黎由米歇尔·孔塔 [Michel Contat] 和米歇尔·瑞巴卡 [Michel Rybalka] 出版）一书中找到。

第一章 镜厅中的孩童

更普遍地说,对资产阶级的体面猛烈的嘲讽和对叙述反讽的使用。《播种与潜水服》的叙事者这样评述道:

> 最终,我写了一篇源自一场不久以前发生在我身上的冒险故事的中篇小说;在一小撮读者中它为我赢得了某种成功,这个小成功促使我下定了决不再写任何不是发生在我自己生活中的事件的决心。[1]

使用第一人称叙述者和过度依赖自传性元素,在少年读物中十分常见,但是这种援引引起了一个对我们来说非常核心的问题:把一个作家的作品和作为事件被撰写在那些作品中的生活联系起来的关系是什么呢? 在这些非常早期的文本中还有很多其他的可辨认的萨特风的痕迹值得我们关注,例如背叛。《耶稣—猫头鹰》和《播种与潜水服》的叙事者无疑体现了萨特自我中的一些重要方面,但是它们(通过反讽)被疏远,被否定,最终在一个特有的**分离**(dissociation)运动中被它们的创造者背叛了。这些文学的创造物,用精神分

---

[1] *Ecrits de Jeunesse*, p. 145.

析学的语言说，同时是"我"和"非我"的客体。[1]

当萨特1922年进入预科班（prépa）时，他到底准备把自己培养成什么样的人呢？死亡之路还是荣耀之途！在萨特的个人神话中，成为"周日作家"的外省教师那令人悲伤的平庸就是死亡之路，也就是他外祖父布置的命运。既然巴黎高师基本上确定了某种类型的教师职业，选择那条路很显然是谄媚死亡本身。比起在中学或者大学拥有一份稳定的教职，荣耀之途的结果还远不确定。

直到在路易大帝中学（Louis-le-Grand）的第二年萨特才发现了哲学的乐趣，而以前他把哲学视为一门相当枯燥的学科。因此作为一个学哲学的学生，萨特于1924年进入了巴黎高师。如此一来，他真正加入了知识精英的行列。那个时代在巴黎高师占统治地位的哲学风格是批判性的或者理性主义的、唯心主义的，其主要代表人物是莱昂·布兰斯维克（Léon Brunschvicg）。对于他而言，萨特显然停留在没有雄心成为一个**原创**哲学家的层面。在至少两个方面，萨特只是把哲学当成他生命的真正活动——写作的附属。首先，当他写作的时候他不得不养活自己，而教授哲学是谋生的一

---

[1] See D. W. Winnicott, *Playing and Reality* (London, 1971).

第一章　镜厅中的孩童

18岁的让-保罗·萨特

种方式。其次，他视哲学研究为作家写作活动的补充：作家的工作是要**揭**示世界和人类境况的**真理**，而在哪里能比在哲学中更好地发现这些真理呢？但是大陆哲学（continental philosophy）的主要研究模式对此不是很合适："那时我是一个实在主义者，我不喜欢感受事物的阻力……我甚至不能享受风景或天空，除非我认为它的确**是**我所**看到**的。"[1] 尤其

---

[1]　*Les Carnets de la drôle de guerre*, p. 281.

特殊的是,他的实在主义也是对他自己的反抗——反对作家长期习惯性的唯心主义,即把词置于优于物的特权地位,也就是说重词轻物。只有当几年后他发现了现象学,他才能就敌对的唯心主义者和实在主义者趋向问题给出解决方案。

萨特把他在巴黎高师度过的岁月描述为他生命中最幸福的时光,我们不难理解这是为什么。正是在巴黎高师,他开始塑造自己为他人眼中的不朽人物:他是如饥似渴的读者,不知疲倦的作家,他似乎拥有无尽的从事艰难工作的能力;但是他也是多才多艺的艺术家:唱歌(他有漂亮的嗓音)、表演、模仿同学和教授、弹钢琴、即兴速写、导演戏剧。简而言之,他把自己变成了宫廷小丑,但是任何惹了他的人就麻烦了:他的讽刺挖苦、机智狡猾和语言暴力都是出了名的令人恐惧。他把自己变成了那个曾经非常纤弱又被过度宠爱的小男孩的绝对对立面,当其他的男孩子们在卢森堡公园打作一团时,那个小男孩只能再一遍瑟瑟发抖。

1925年,在蒂维耶参加他年轻的表妹安妮(Annie)的葬礼时,萨特遇到了西蒙娜·若利韦(Simone Jollivet),开始了他第一段严肃的爱情故事——尽管是异地恋:西蒙娜住在图卢兹(Toulouse)。这场爱情在逐渐退却到"仅是"友情之前,曾非常剧烈并多次触礁。但是现在存留下来的1926

年到1928年之间萨特写给西蒙娜的书信显示出他在情感与理智方面极大的发展。1926年的一封信包含了最早的已知自传的梗概。在这封信中，他评论了他的人格结构："我很早就讨厌我自己了，我最早的真正创建就是构造我自己的性格。"[1]但是一种"性格"或者"人物角色"的创造暗含着某种与他人的关系。他人就此而言是必要的，即"我"（I）能以之为镜，鉴识其所塑造的"自身"（me）。在与他人的关系方面，萨特给西蒙娜的建议有明显的"尼采式的"（Nietzschean）警醒意义："显然，您不得不与他人一起生活，但不要让他们对您产生……这么大的影响，或者变得对您如此必不可少以至于到时候您想撵走他们也不成了。"[2]关于什么是自由，他的见解更尼采："如果……您致力于在自己身上发展激情的力量和力度，同时抑制种种顾忌和怜悯，那您就完全自由了。"[3]因而，萨特和尼藏自诩为"超人"，并自认因其非凡才智和克己节操的品质而被判罚以远离大众，就不足为奇了。萨特已视自己为这样的人，他着手跳出既有

---

[1] Jean-Paul Sartre, *Lettres au Castor et à quelques autres* (2 vols), édition établie, présentée et annotée par Simone de Beauvoir (Paris, 1983), p. 10.

[2] Ibid., p. 29.

[3] Ibid., p. 30.

权威和道德体系去思索并加以反抗；他辩驳，哪怕与自己辩驳；他是他自己的作品，是他自身劳作的造物；他是局外人……为了西蒙娜·若利韦，萨特写了一部名为《挫败》(*Une Défaite*) 的小说，这本小说基本上基于著名的尼采、瓦格纳（Wagner）和科西马（Cosima）的三角关系。很庆幸的是这部小说保存下来了，但它没有出版。

萨特在巴黎高师的四年本应当在 1928 年以取得哲学教师资格（agrégation de philosophie）结束。让人惊讶的是他失败了：他太想在既定的考试题目中做到原创，为此受到了惩罚。他似乎倒没有把这件事情看得太糟糕。实际上，在这种情况下，失败也许刚好可以把他从资产阶级平庸的生活中拯救出来：不久以前，他才刚"糊里糊涂地"和他一个朋友的妹妹订婚了；她的父母清楚地认定这个年轻人没有未来后，便立即取消了婚约。当他重新参加 1929 年的考试时他位居第一。这次考试的题目是"偶然性与自由（Contingency and Freedom）"。"偶然性"这个术语属于哲学的专业词汇，它意味着"必然性"的反面：偶然性的事件是或发生或不发生的事件；偶然性的事件是也许有也许没有的事情。自此以后，像一个数学公式或者逻辑公理一样，毋庸置疑的它成为萨特所有思考的中心。哲学家雷蒙·阿隆（Raymond

第一章 镜厅中的孩童

Aron)——他曾是萨特巴黎高师的朋友——回忆过他第一次听说萨特关于偶然性的个人想法,是在1927至1928年萨特交给布兰斯维克的研讨课的一篇论文中。但是偶然性的**直觉**(intuition)有着更遥远的起源。萨特在《词语》中断言他从非常小的时候就有这种直觉。"生存权限"(mandate to exist)被剥夺了,这个孩子把自己体认为自然的一个随机事件:写作这件事是他发明出来用以证明他确实存在的。

1928—1929学年的某个时候——至于确切是什么时候,说法不一——萨特开启了一段影响其后半生的关系。他注意到了一个比他低一级的女生(当然现在他们是同级了),他说这个女生"和蔼、漂亮但是穿着十分不讲究"。对她来说,她很久之前就知道这位高年级某出名团体的头头,此人才华横溢却"非常危险":传言他酗酒,行为暴躁,甚至沉溺于女色。这位年轻的女性,西蒙娜·德·波伏娃,来自一个天主教资产阶级家庭,但是她正处于剔除那陈旧到沉闷而又遮遮掩掩的教养的各种痕迹的时期。在萨特身上,她看到恰恰是这个人能够帮助她做到这一点。在此判断这段关系对两方的重要性是不可能的:因为他们彼此相伴持续了接下来的51年。这种关系的力量似乎起源于一种强大的知识和情感的互补性。他俩都找到了她/他一直在寻找的对象（double）（萨特最喜欢的一个向他的伴侣示爱的措辞便是"你亦我"[you other myself]）。一旦他们发现彼此，其他所有友谊都无关紧要了。该措辞"对象"在此也应全然以精神分析角度去考量：在他们大量已出版的通信中，萨特男性化了波伏娃并女性化了他自己的程度引人注目。她是他的"法官"，他的"严厉的审查员"，他的"楷模"。他向她欢快地坦白他的罪行，他似乎希望把自己置于她完全严厉的审判下：他是孩子而她是母亲。有时候他们的角色被颠倒过来，她变成了他的小女儿。该纽带的牢固性或许就建立在角色的可逆性上。共同低幼化（mutual infantilization）当然是任何爱情关系的一部分——看看情人节的私人广告栏就足以确定这一点——但是这里我们感觉到了一种深深的宣泄：波伏娃的"男子气"可以使萨特认可他自己女性的一面，这一点在巴黎高师预科班和巴黎高师那种咄咄逼人的男性氛围中被深深地压抑了。只有个别情况下它才能被察觉：例如，在《播种与潜水服》中被萨特戏剧化的他和尼藏之间的关系中的那种"难以捉摸的柔情"中，我们可以察觉到这一点。

（萨特和波伏娃）这种关系刚开始不久就被打断了。1929年秋萨特离开去服兵役。在圣西尔军校（St-Cyr），他被迫开始了解气象学的奥秘。在分开前，他就制定了一些基本

第一章 镜厅中的孩童

准则,提出了一个为期两年的"协议":漫游、(相互完全诚实)完全透明和多个伴侣!事实上,这是一个绝妙的理性化提议,有效利用了偶然性概念:他给她解释说他们每个人都可以有"偶然的"风流韵事,但是他们俩之间的爱情是他们唯一"必然的"爱情。至少一开始,萨特比波伏娃更自由地使用这个协议。

因为仍旧惧怕会变成一个外省教师,萨特提前申请了一个在日本的外教(lecteur)职位,并开始着手从部队上回来。因此1931年当他得知他被分配到勒阿弗尔(Le Havre)的中学教书而不是去日本时,他非常沮丧。更不幸的是,波伏娃被分配到在法国另一端的马赛。

对一个立志要成为性格深沉,并计划了像小说一样幸福结局人生的人来说,接受勒阿弗尔的教职代表了严重的倒退。特别是当《挫败》(*Une défaite*)和《真理的传说》(*La Légende de la vérité*)被出版商拒绝时,他的文学抱负已经遭受了重创。也许是他看错了自己的天赋?也许他注定要像"耶稣—猫头鹰"一样,在某个穷乡僻壤做一个遭谩骂的老师,而结束他的人生?他对此的回应特别典型:回去写他的书,更努力做事,多读且多写。这是一个贯穿他生命始终的不断重复的模式:每次他努力向世界、向其他人靠近的时候,这种努力都会被拒绝,他的第一个动作就是后撤到他自身之中去修复他受伤的自恋情结,回到想象虚构或者回到纯粹的智力实践——进入那个总是安全和温暖的地方。但这并不表示他像一个隐士一样生活在勒阿弗尔。相反,他所用的保护自己的一个策略是一反常态地公开生活(vivre public)。这涉及建立一个公众形象,然后他可以欣然放弃其他人。这种人物形象未必虚伪,或不符合某种神秘而不可明言的内在自我,而正是这个内心与外在相背离的事实,导致了内在自我从背离内在自我的"我"中区分开来,进而开启了"内外分离"(dissociation)的无尽循环。萨特后来将这种与他人相处的方式描写为"完全缺乏自我一致性"[1]。

在他任教的弗朗索瓦一世(François 1er)中学,据说他不因循守旧、不拘礼节、循循善诱且间或有些令人却步。早在这个时期,他就下意识捍卫个性而胜于捍卫体制——让那些别的老师会毫不内疚地打不及格分数的学生通过,要求他的学生去**思考他们自身**。我们今天可能会认为这没什么特别的,但是我们不能忽视的是 20 世纪大部分时间法国教育体制几乎没做什么培养或鼓励原创思想的事情。从这时,他就

---

[1] *Les Carnets de la drôle de guerre*, p. 538.

开始在他的学生中聚集"门徒":这些加入了他最亲密的——所谓的"家庭"——朋友圈的人中的大部分,是他或者波伏娃以前的学生。这些"门徒"中的第一个是一个叫雅克-劳伦特·博斯特(Jacques-Laurent Bost)的年轻人,他是小说家和电影剧作家皮埃尔·博斯特(Pierre Bost)的弟弟。"小博斯特"后来在萨特的小说三部曲《自由之路》(*Les Chemins de la liberté*)中因鲍里斯(Boris)这个人物形象而不朽。

尽管一开始他在勒阿弗尔几近绝望,但是他把他的热情投入到中学和这座城市的知识分子生活中,在1931年学校的颁奖典礼上他做了一个关于电影的令人难忘的演讲,发表了一系列主题从德国哲学到当代小说的公开演说。然而他"真正的"生活在别处。在1931年10月写给波伏娃的一封信中,萨特吐露他曾经到过:

> 我非常喜欢勒阿弗尔的那一地区,我决定将其写入论偶然性的"文章"(factum)中。的确,那里的一切都是偶然的,甚至天空,根据任何一种气象的可能性,那里的天空应该跟勒阿弗尔全市是一样的:但它却不一样。[1]

---

[1] *Lettres au Castor*(Ⅰ), pp. 45—46.

"事实性论述"(factum)是萨特给他的新的哲学式文学工程所取的名字——一个"事实性论述"是一本能够引起争论的小册子。从一开始,这项工程就是混杂的(hybrid):既不是哲学论著也不是小说,萨特接下来的七年时间将被这种文体占用,在1938年《恶心》(*La Nausée*)这部小说出现以前这种文体还将经历无数的变化。勒阿弗尔简单地伪装成"布维尔"(Bouville)出现在《恶心》这部小说中;萨特死的时候,这个城市将回报那模棱两可的敬意:那个高中所在的街道被重命名为让-保罗·萨特街。

早在1933年发生的一次偶遇,对萨特的哲学取向像对他的文学发展一样具有决定意义。一天晚上,他和波伏娃因为出去喝一杯的原因和他们的朋友雷蒙·阿隆相遇了——他任教于柏林的法国研究院,此时正好在休年假。指着一个杯子,阿隆说:"我的小朋友,你瞧,如果你是一个现象学家,你就能谈论这杯鸡尾酒及其哲学!"[1]对此,据说萨特当时激动得面色苍白!现象学是一种哲学方法,它由德国哲学家埃德蒙德·胡塞尔(Edmund Husserl)开创,这种哲学方法涉及加括号(bracketing-off)或者悬置(setting aside)所

---

[1] Simone de Beauvoir, *La Force de l'âge* (Paris, 1960), vol. Ⅰ, p. 156.

第一章 镜厅中的孩童

有关于世界的先入之见和先验知识（preconceptions and prior knowledge），以便于能够像现象**呈现**（*appears*）给意识那样描述现象。对象的本体本质（noumenal essence）（它本身是什么）只能通过**现象**（phenomenon）（对象显示自身给意识的方式）的纯粹描述阶段的手段来发现。萨特一直对内省和放任的主观主义怀有敌意；他也很早就意识到他的"性格"趋向于将现在的自己从过去的各个自己中分离开来——甚至细致到"稳定的"（stable）自我的概念成为问题的那个时刻。在胡塞尔那里，他发现了"意识作为关于某物的意识存在而非仅作为其自身存在的必然性"的证据。[1] 这种必然性致使内省成为徒劳。当我们向内察觉意识时，我们发现的只是"它自身的逃离，向外在于它的地方的滑动"。[2] 这就是胡塞尔——从奥地利哲学家布伦塔诺（Brentano）那里借来的——所谓的**意向性**（intentionality）概念，它可以被概括为这个哲学名言："所有的意识都是关于某个事物的意识。"

和阿隆的相遇促成了萨特申请 1933 年至 1934 年到柏林学习。那一年他把时间花在（早上）集中地学习胡塞尔，

---

[1] Jean-Paul Sartre, 'Une idée fondamentale de la phénoménologie de Husserl: L'intentionnalité', in *Situations* I (Paris, 1947), p. 41.

[2] Ibid., p. 40.

（下午近晚间时）写"事实性论述"（factum），在柏林闲逛，追寻各种"偶然性的"风流韵事。接来下的六年，萨特完全沉浸在胡塞尔当中，这并不意味着师徒关系：一个绝对的自恋主义者怎么能接受一个导师——甚至是精神导师（maître à penser）的指导？的确，1937年他出版了著作《自我的超越性》（*La Transcendance de l'ego*），它的预设正是要反对胡塞尔关于自我的观点，同时进一步加强后者的反主观主义观点。在这部著作中萨特试图证明，自我远不是在意识的"内部"，而是"在外部，在世界之中"，对意识而言它是一个客体，但它却超越了任何单独时刻的意识：当意识接触到一个自我时它已经到达了另外的自我。

回到勒阿弗尔，外省教师的生活非常艰难。有些事情变好了：波伏娃更近了——她现在在鲁昂任职。其他事情则变得更糟糕了：他在《荒谬战争日记》（*Les Carnets de la drôle de guerre*）中重述了他如何在某天照镜子时注意到他的头发日渐稀薄。而且，他正迈向那具有象征意义的30岁，且依然没有名气！在记事本里，他抄了一则格言，大意是一人若28岁了还默默无名也就别再惦记荣耀了。然而28岁近了。和他的朋友尼藏的差别实在太明显了：1934年尼藏已经是写了两本小说的成名作家了，自1927年以来他还一直参与

第一章 镜厅中的孩童

了法国共产党（PCF）的政治实践。同时还有更令人沮丧的事情。例如，和波伏娃的关系似乎陷入了某种例行公事的乏味。

但这对情侣的稳定关系在1934年被波伏娃以前鲁昂的一个学生奥尔加·科萨杰维茨（Olga Kosakiewicz）撼动了，她是白罗斯移民（émigré）男子与法国女子的女儿。一对成了三人，这个模式将在萨特和波伏娃一生的关系中不断上演。萨特认为对奥尔加的激情能够使他有力量战胜过早的中年危机。他因痴迷而扭曲的眼光，外加对自身存在停滞不前的担忧，能将这个年轻女人身上，在一个更冷静的看客瞧来，或许幼稚、轻浮、矫饰的东西转变为随性、神秘和"真切"的品质。在波伏娃的第一部小说《女宾》（*L'Invitée*，1943）中，她对这场三人恋关系做了小说化的说明，她暗示到她更清楚地看到了奥尔加的美德，尽管或者也许因为她明显的嫉妒。从那个冗长详细的描述中可以很清楚地知道，在波伏娃的记忆中她认为在这场三人恋中，萨特的情绪强烈地摇摆于迷醉沉溺和嫉妒愤怒之间；他通过坚持和波伏娃一起分析奥尔加的最细小的言语、最精妙的语气变化、最轻微的一瞥，来扰乱波伏娃。这种心理机能模式接近于偏执，无疑这段时间萨特的精神状况确实没因其他无关事件改善。为了他正在写的关于意象的书,作为研究的一部分,萨特——通过一个医生朋友——给自己注射了麦司卡林(mescaline)(一种致幻剂),目的是研究幻觉的本性。幻觉状态持续的时间远远多于正常状态,这给萨特带来了比他所预期的绝对更可怕的转变。更糟糕的是,1936年春,《忧郁》(*Melancholia*)——现在被叫作"事实性论述"——被伽利玛出版社退稿。这个打击对萨特的影响再夸大也不为过。但是事情很快会向好的方向转化。小说可能是已经被拒绝了,但是他最终付诸印刷了关于意象的书,《想象》(*L'Imagination*)于1936年出版,《自我的超越性》一年以后出版。后来,1937年4月,多亏了以前的学生雅克-劳伦特·博斯特和以前情人的丈夫——戏剧导演夏尔·迪兰(Charles Dullin),他已经娶了西蒙娜·若利韦——的努力,《忧郁》最终被伽利玛出版社临时(provisionally)接受出版了。不仅小说被接受了,而且伽利玛出版社也同意在著名的《新法兰西评论》(*Nouvelle Revue Française*)上刊登一些萨特的短篇小说,以1937年7月的《墙》("Le Mur")开始。而且,萨特已经把他的激情从奥尔加转移到她妹妹万达(Wanda)身上了,在身体的激情消耗上,最终证明她比她姐姐更合适。最终,从1937年起,萨特和波伏娃都最后"回归家庭"了,各自在巴黎的巴斯德(Pasteur)

第一章 镜厅中的孩童

中学和莫里哀（Molière）中学谋到了教职。"小博斯特"后来偶然地（真的是"偶然地"吗?）娶了奥尔加，同时她仍旧秘密地做了波伏娃十五年多的情人：从外面看，萨特的"家庭"有一种乱伦的和谐（cohesion）。

在所有萨特的著作中，他的第一部小说无疑最归功于他人的帮助，从题目开始就是这样。布里塞·帕兰（Brice Parain）——负责这个项目的伽利玛出版社的编辑——告诉萨特"忧郁"不合适。萨特回答说，《安托万·罗冈丹的非凡冒险》(*Les Aventure Extraordinaires d'Antoine Roquentin*) 怎么样。最后，是加斯东·伽利玛（Gaston Gallimard）自己提出了现在看来不证自明的（self-evident）的题目：《恶心》。这本书在帕兰的坚持和波伏娃的建议下被砍掉了很多；这种删改使得这个文本更锐利，也不那么冗长，也使得文本少了一些粗俗：毕竟这是1938年，光这个题目就已经被一些人认为趣味低下了。这部于1938年4月上架的小说比一年前递交时薄了很多，内容也更加集中了。这部小说现在被认为是20世纪世界文学的"经典"，它的主角——安托万·罗冈丹——和加缪（Camus）的默尔索（Meursault）一起被认为是20世纪标志性的"局外人"。

年复一年，《恶心》依旧使人迷惑不解，而且不仅是在第一次阅读时。这部小说以一个叫安托万·罗冈丹的人的日记形式呈现。至于我们为什么应该阅读这个日记，这件事情并不是很清楚："出版者"声明说这本日记是在罗冈丹的文件中找到的，但是我们无法得知罗冈丹是死是活，或者也不知道是什么了不起的事情——值得赞赏的还是卑鄙下流的——使得"出版者"相信这本日记值得出版。日记内部连续的日期把"情节行动"放置在一个月内：从1932年1月25日星期一到1932年2月24日星期二。这本日记的条目记录了它们的作者平凡的生活。走遍了远东后，罗冈丹回到了布维尔（Bouville）定居，目的是在市图书馆从事历史研究，研究18世纪一个贵族罗尔邦先生（M. de Rollebon）的传记。罗冈丹是一个有着独立谋生手段的人，除了和一个他在图书馆遇到的自学者（"自学成才的人"[autodidact]）偶尔很不情愿地吃顿午餐，和当地酒店的老板娘敷衍了事地性交，他很少或者从来不接触布维尔人（Bouvillois）。他做的"事情"（incidents）非常少：参观当地的艺术馆，和自学者吃午饭，和老板娘做爱，为他要写的书做研究，和巴黎的老情人阿妮（Anny）约会，放弃罗尔邦的传记，与当地公园一棵栗子树创伤性地遭遇……决定留在布维尔还是回到巴黎。就算是这样的行动，也是发生在罗冈丹之外，他自始至终都是采取一种沉默的观察者的态度,研究他感到日益异化的世界虚空的情欲。

从本质上来说,这本日记是将偶发性的、碎片化的生活经验放置在由日历的任意性划分所限制的一些独立的整体(parcels)中。然而如果人们将"情节"定义为一个不断推迟的对谜团的解答,那么,因为《恶心》的无形式具有欺骗性,某种类似于情节的东西在《恶心》中是存在的。第一篇日记这样开始:"我遇到了不平凡的事,我不能再怀疑了。"[1] 一些变化发生了,"但是变化在哪里……难道是我变了?"[2] 日记持续叙述的动力是追踪这种变化以至于最终也许能够理解这种变化:"最好是写下每天发生的事情。通过写日记来理解它。"[3] 罗冈丹病情的症状是频频来袭的恶心感,这种恶心感最初似乎联系着某些物品(objects)。一颗一边是干的,一边却是黏糊糊的石子;一把叉子;一扇有把手的门;变成了软弱无力的白色的蛆虫般的一个人的手;一副无法决定它们想成为红色还是蓝色的淡紫色肩带;电车里的长条座椅;一张泥坑里的泥泥的废纸条……这样看来,罗冈丹的疾病像

---

[1] Jean-Paul Sartre, *La Nausée* (Paris, 1938), p. 15.
[2] Ibid., p. 16.
[3] Ibid., p. 11.

会客室的尸体一样呈现给我们。令人迷惑的是：谁或者什么在犯罪？毫无疑问，《恶心》就像一个形而上学的侦探故事。萨特和波伏娃是侦探小说的狂热爱好者；实际上，多亏了波伏娃，萨特才被说服放弃他的"事实性论述"最初的呆板的叙述形式，并且"为其增加了"（spice it up）阴谋、性和悬疑的趣味性。确实对于这种体裁，谜团中有一些障眼法（red herrings）：不同的可能的犯人都会受到猜疑，只有当叙事者证明没有证据时紧张才能消除。首先受到怀疑的是**主体自身**（subject）："我想是我变了：这是最简单的答案。"[1] 也许罗冈丹孤独的生活风格，加上他总是"突然变化的主体"这个事实能从内部充分地解释这一点？但是仔细想想罗冈丹更倾向于把责任推到自己之外，推向**客体**（object）："那是一种淡淡的恶心……而这种感觉来自石子。我敢肯定，是由石子传到我手上的。"[2] 这部小说的很多部分都存在着犹豫、波动，在第三种可能性被引入之前，存在着一种在主体或者客体这两种位置之间的往返。这也与主客二分有关，但是这里主体是意识，客体是肉体。在恶心特别强烈地袭来时，随着

---

[1] *La Nausée*, p. 16.

[2] Ibid., p. 24.

第一章 镜厅中的孩童

他对传记项目的抛弃,并非哲学家的罗冈丹发现了自己身上老笛卡尔主义(old Cartesian)的身心二元论:"我,身体:身体它一旦启动,就独立出去了。但是我是展开我思想的人……我的思想就是我:因此我无法停下来,我存在因为我思考……我无法阻止我自己思考。"[1] 如果身体**既是**世界上的一个客体(object)**又是**我存在的客体(object),那么恶心必然既不在这一极也不在另一极,而是在这两极生命经验之间的**关系**中。罗冈丹的恶心,现在被揭示了,它就是体验他自身:"我嘴里有充满泡沫的水,我咽下去,它滑进我的喉咙,抚摸我——它在我嘴里再次产生……这一小汪水还是我。还有舌头。还有喉结:都是我!"[2] 但是这种神秘性并没有全部被阐明;所有好的侦探小说的高潮都是随着对犯人的指名道姓而到来的,罗冈丹还没有成功地为他的疾病的原因**找到一个名字**(putting a name)。真相的揭示被推迟至下面的40页,而且它不是发生在嫌犯聚集在会客室面前,而是发生在当地公园里的一棵栗子树的沉默而魁梧的在场面前。当已经处在被一阵恶心袭来的剧痛中的罗冈丹,沉思那棵树时,碎

---

[1] *La Nausée*, p. 142.
[2] Ibid., p. 141.

屑（scales）忽然从他的眼睛里落下："突然，存在露出了真面目。"[1] 我们给予事物的名字，我们赋予它们的功用，我们安放它们的范畴（categories），不过是"我们在它们的表皮上划出的淡淡标记"。[2] 去除这些痕迹，剩下的就是存在的意义，存在的意义恰恰是空无。任何事物和任何人都可以从这个世界上消失，而世界将一如从前般完整地存留下来："我们之中谁也没有一点点理由在这里。每个存在者都感到不安和莫名的惶惑，某种意义上多余地或者'以多余（de trop）的方式'与他人相关"。[3] "多余"（de trop）是罗冈丹突然想到的描述我们存在的第一个术语；很快另一个术语出现了："荒诞这个词此刻在我笔下诞生了。"[4] "荒诞"更近了但还不是最接近的："我正在与字词搏斗……啊！我怎样才能用语言将它确定下来呢？"[5] 罗冈丹仍然太接近处于压倒性地位的生活经验，以至于无法将之概念化，但是对之沉思了不久之后，任务变得更容易了：

---

[1] *La Nausée*, p. 179.
[2] Idem.
[3] Ibid., p. 181.
[4] Idem.
[5] Ibid., p. 182.

第一章　镜厅中的孩童

> 实话说,我当时真的无法表述这个发现。但是现在,我想用文字来表述它大概是轻而易举的了。关键是偶然性。我的意思是,从定义上说,存在并非必然性……我想有些人是明白这一点的。不过,通过臆想一个必然的、自成动机的存在,他们极力克服这种偶然性。但是没有任何必然的存在能解释存在。[1]

这样我们终于发现了:剧中的罪魁祸首原来一直是偶然性!具有讽刺意味的是,偶然性的揭示把"必然性"给予叙述的每一个词。

小说其他所有的主题都依存于偶然性的直觉,而这些主题中有两个主题尤其重要,因为对萨特与写作的关系,更广泛地说,是与创造性的行为的关系而言,它们是核心。波伏娃说到,萨特关于必然性和偶然性的思想最早通过一个美学经验得以凝固:"当他看到电影屏幕上的形象时,他已经了解了艺术的必然性真相,相对比之下,他也已经发现了,世界上的事物可悲的偶然性。"[2] 当萨特自己在生活和电影意

---

[1] *La Nausée*, p. 185.

[2] Simone de Beauvoir, *La Force des choses,* Ⅰ (Paris, 1963), p. 58.

象形象之间的对比中"直觉到"偶然性时,罗冈丹通过听音乐发现了同样的情况。当他在铁路之家的约会(Rendez-vous des cheminots)中跌倒在他的啤酒中时,留声机上播出了一支曲子;即《有一天》(Some of these Days),这是一首很有名的蓝调爵士歌曲。当唱片停止时,他想"那似乎不可避免,如此强大的东西正是这音乐的必然性"。[1] 很奇妙的是他的恶心消失了,似乎被这一剂彻底的必然性征服了。罗冈丹渴望一种严格的必然性的生活:"如果我**自己的生活**成为旋律,又有什么高峰我达不到呢?"[2] 但是美丽的乐曲不是**存在**(exist)在这个世界上的;它们就**是**(are)存在。当他最后一次听这个唱片时,他设想他瞥见了一种可能的联系。他开始想到歌曲的创作者:他想象在布鲁克林(Brooklyn)火一般的夏天有一个肥胖的、流着汗的犹太人,被闷在公寓里并且被几个问题所困扰:金钱、女人、健康……但是他推断:他创作了这首歌曲。然后他想到歌手"女黑人",并推论道:"犹太人和女黑人:至少这两个人获救了。"[3] 从这里到他猜想是否他也能……也就只有一步之遥了:"肯定是写书:因

---

[1] *La Nausée*, p. 39.

[2] Ibid., p. 61.

[3] Ibid., p. 246.

第一章 镜厅中的孩童

为我不会干别的。"[1] 一本书将诱导它的读者想到他,恰如他想到《有一天》的创作者一样。但是到底他是怎样想到他们的呢?如果说他把他们带回到生活中,那么这是通过传记的冲击和虚构的冲击相结合实现的。一方面他陈述道"我想了解关于那个家伙的一些事情";另一方面,他在空空的帆布上自由地刺绣或者虚构:在"布鲁克林"的这个"犹太人"的"生活"是纯粹的虚构。非常有趣的是这个虚构是萨特创造的而不是罗冈丹的创造的:《有一天》实际上是由一个名叫谢尔顿·布鲁克斯(Shelton Brooks)的加拿大黑人作曲家创作,并由一个犹太白人歌手索菲·塔克(Sophie Tucker)演唱的。如果萨特以恰恰相反的方式设想它,可能是因为他自己的想象是按照爵士乐时代的老生常谈的惯例进行的:犹太作曲家和黑人歌手。在这种情况下,虚构占了上风:"对我来说他们……像小说中的人物;他们已经洗去了他们自身的存在之罪。"[2] 所以罗冈丹的救赎将存在于被他未来的读者转换成"一部小说中的人物"。

任何阅读过现有的萨特传记、波伏娃回忆录或者读过

---

[1] *La Nausée*, p. 247.
[2] Idem.

有大量注释的七星丛书（Pléiade edition）版的《小说全集》（*Oeuvres romanesques*）的读者都会意识到萨特真实的生活和罗冈丹虚构的生活之间有着千丝万缕的联系。当他在《词语》中写下"我**就是**罗冈丹，我非常冷静地通过他表现我生活的全部质地"时[1]，他毫无疑问就是想要效法福楼拜的名言"包法利夫人就是我"（Mme Bovary, c'est moi），当然现在看来这仍是一个成问题的口号。对此，萨特似乎已经非常慎重地增加了他与他的人物的不同，但是这些差异全部是表面的，它们所揭示的他们生活的"质地"（texture）恐怕是相同的。更重要的是，无论是就他们创作**文本**的方式而言，还是就他们与写作活动的关系方式而言，我们都必须看到他们身份的本质和限度。他们是不同类型的作家。罗冈丹是一个业余爱好者，一个"业余作家"（Sunday writer）。罗尔邦传记的书写并不是必然性驱使的，没有迹象表明写作曾经在罗冈丹以前的存在中具有重要的意义。萨特则相反，他活着是为了写作：写作从童年起，就是他生命中根本性的（fundamental）活动。"根本性的"这个单词的强烈意义是：写作是他的生活被建构起来的绝对基础，其他任何事情都从属于它。只有当罗冈

---

[1] *Les Mots*, p. 211.

丹的生活开始崩溃时,当他为他的心智担忧时,写作——对他也——才变成了一个生死攸关的事情。在他的日记里他写道:"事实是,我恐怕不能放弃我的笔。"[1] 正是写作,在一页纸上描下很多字母的物理意义上的写作,驱散了恶心:每天,罗冈丹看到一张白纸,那种空白意味着什么事情都不曾发生,**也**意味着**任何事情**都可能发生。写作赋予那张纸一种意义(一个方向),即使他的狂草只能从左到右,从上到下:写作发生在死亡和疯癫之间,发生在平庸的空白和无拘无束的威胁将要填满那空白的幻影之间。萨特的日常存在也许正如任何一个人的存在一样充满令人恶心的偶然性,但是这一点因他的**生活**已经成型这一事实而得到补偿。他有一项使命。他不需要在"生存"和"叙述"之间做出选择:他的生活故事**已然被写就**:自从他作为一个孩子就成为传记性幻觉的受害者以来,难道他不是活出了伟大作家的生命吗?

《恶心》被广泛地阅读评论,赞美之声不绝并且几乎毫无争议。一小部分不同声音,是因为"厌恶"其对世界的悲观态度;另外一些人——更有洞察力的人——则批评说"嗅到了充溢着文本的哲学老师的味道"。但是,大部分人都

---

[1] *La Nausée*, p. 142.

是热情洋溢地欢呼"一个我们最伟大的小说家"、一位"不可估量的天才"、一位"法国的卡夫卡"等的到来。[1] 事实上,当《恶心》出版时,萨特的名字已经为巴黎的文学行家(cognoscenti)所知晓,若非如此他也不会有这么广泛的阅读公众:自1937年7月以来,著名的《新法兰西评论》已经刊发了四篇他的短篇小说。

在很多意义上,这些短篇小说比这部长篇小说更代表了一个令人吃惊的成就:后者在八年多的时间中被写就并且被反复地重写,但是短篇小说似乎凭空出现。如果这部长篇小说实现了形式上的革新——如此多的革新以至于很多人将之视为法国新小说(nouveau roman)的先驱——那么这些短篇小说则证明了一个艺术名家对体裁惯例的掌控能力。在《墙》的五篇短篇小说中,就存在着多个常见的线头。这些线头中的有一个是对病理心理学的关注。这并不新鲜:在巴黎高师时萨特曾经对心理学有着和哲学一样的兴趣;他多次拜访过好几个精神病医院,包括1936年被波伏娃在她的回忆录中非常详细地重述的那次;他使用致幻剂的惨痛经历和他对奥

---

[1] 关于 *La Nausée* 的出版印刷情况,详见让-保罗·萨特的 *œuvres romanesques*(1981年于巴黎由米歇尔·孔塔和米歇尔·瑞巴卡出版)第1701–1711页。

尔加的痴迷程度已经使他有理由去怀疑他自己的心理平衡能力。疯癫的主题实际上暗藏在他所有的著作中，在他后期的剧本中则尤为明显，但是随着时间的推移它也经历了非常大的修订。在《词语》中，他甚至进一步暗示，一定意义上的疯癫才是定义人之为人的决定性特征；在早期的著作中他更关注的问题是，是否疯癫关涉意识的外部修饰，或者是否在某种意义上它是被主体"选择"的。这个问题对于有关意识的彻底的反决定论，即那个他已经努力解释了很多年的问题而言，是至关重要的。他确信自由是"人类现实存在"（human reality）的决定性特征，确信我们的每一个行为，是作为"我们自己做出的基本选择"的一个功能而自由地被选择的。同时他也确信对人类行为的（基于）决定论的解释，本质上就是尝试否定那种令人不悦的真相：如果我们是自由的，我们也完全有责任为我们的行为以及它们的后果负责。显然，"疯癫"为这个理论提出了一个需要讨论的问题：一个痴呆症晚期的不幸灵魂会**选择**疯癫吗？萨特本可以通过援引正常和异常的概念很容易地回避这个问题，所以自由将适用于"正常的"主体，但不适用于精神功能有某种程度异常的主体。但是这才是萨特的激进之处，他不是选择将正常与异常的极端相反性看作问题的原因，而是选择去解决问题。这个问题在题为《房间》("La chamber")的短篇小说中被讨论,在那里皮埃尔(Pierre)的早发的痴呆的病因很明显是生理性的,同时他的精神错乱的**具体内容**(specific content)很明显是可以用心理学术语来分析的。

还有两部其他的小说也关注病理心理学:《床笫秘事》("Intimité")是治疗"女性性冷淡"的"案例",《厄罗斯忒拉特》("Erostrate")的叙述主角是一个反社会者,他从对妓女的羞辱中获得性快感,并且他旨在通过在巴黎的街道上从事无差别杀人活动获得死后的恶名。

在给小说集所写的短序中,萨特说:"没有人想面对大写的存在(Existence,实际生存、生活)。这里有五种小失败面对大写的存在——有悲有喜——五种生活。"[1]因为"大写的存在"(Existence)表现为"大写的偶然性"(Contingency):正如我们所看到的,活着(to exist)就是不借助必然性或理性地活着(to exist without necessity or reason)。但是为什么,我们不是所有人都过着一种经常处于焦虑状态的生活呢?我们可以从哪里得到一些允许我们依存的确定性呢?萨特的答案是我们都有一种直觉的领悟能力,或者"抓住"我们的偶

---

[1] *œuvres romanesques*, p.1807.

第一章 镜厅中的孩童

然性的能力,但是我们总是逃避直视事态,并且因此通过使用一系列他称之为不诚实(mauvaise foi)的逃避策略"假想"事态。波伏娃告诉我们,早在 20 世纪 30 年代他就已经开始"锤炼"这个概念来解释弗洛伊德的无意识(他发现这个概念在哲学上是荒谬的)的外在临床表现了。在《墙》中,每一篇短篇小说都包含不诚实的人和逃避大写的存在(Existence)的人。因而在《床笫秘事》中,露露(Lulu)成功地精妙地做到了她真正**想要**做的事情,同时成功地劝服其他人和**她自己**相信她正在做违背她意愿的事。她使大写的命运(Fate)或者大写的环境的力量(Force of Circumstance)为她自己的选择负责:"你深陷于当前的情形,你被捕获,这就是生活;你无法判断或者理解,你只是不得不让自己随波逐流。"[1] 她的自我欺骗既不是无意识的也不是完全有意识的:它栖居在被萨特描述为"前反思"(pre-reflexive)的地方。

不诚实不仅可适用于个人心理,它还能定义整个社会群体的行为和态度。这一点从《恶心》中对资产阶级的野蛮的表述上,已经明显地可以看出。资产阶级意识形态有能力把历史的偶然性转化为永恒的本质:资产阶级**被定义**为善

---

[1] *œuvres romanesques*, p.310.

的（Good）、正义的（Right）、正常的（Normal）等。但是资产阶级怎样确保它的领导权的持续性呢？换句话说，一个出生在这个阶级的孩子，如果我们确信他有存在的权利，那么他是怎样变成萨特称作一个坏蛋（salaud）的人的呢？《墙》中最长的小说《一个企业主的童年》（"L'Enfance d'un chef"）提供了一个答案。通过混用喜剧的讽刺和滑稽，这篇小说追踪了作为一个可靠的（solid）公民的吕西安·弗勒里耶（Lucien Fleurier），从婴儿一直到"成年"的关于他的权利和义务的设想的发展过程。从前言中很清楚地可以看出，萨特把吕西安看作是和《恶心》中的坏蛋们一样类型的人："吕西安·弗勒里耶是所有人物中最接近感觉到存在的人，但是他不去想这个，他逃避，他在对他权利的沉思中避难……"[1]由于在吕西安的童年和萨特自己的童年之间有着令人担忧的相似性——正如后者在《词语》中所描述的——一个更有趣的问题将是：萨特是怎样避免他自己变成一个坏蛋的？他的答案将是，不像吕西安，萨特没有父亲……

尽管这两部早期著作中已经有了反资产阶级的讽刺，但是真正的政治维度的缺席在此还是显而易见的。相比较萨特

---

[1] *Oeuvres romanesques*, p. 1807.

第一章 镜厅中的孩童

的共产主义好友尼藏20世纪30年代所写的社会主义现实主义小说而言，萨特的长篇小说和短篇小说的主要特征还是文学和哲学的思虑。大家读到这里可能会有这样的印象，即在萨特从巴黎高师毕业（1929年）到出版《恶心》（1938年）之间的这段时间里，世界是平静的，没有什么事情发生。实际上，这些日子正处在20世纪最混乱的时期当中。墨索里尼的法西斯主义从20世纪20年代已经在意大利掌权；希特勒1933年开始在德国掌权——那一年萨特在柏林读现象学。华尔街股市崩盘的后果开始影响了一开始认为自己能够幸免的欧洲。在经济大萧条、大批的失业、通货膨胀和金融丑闻的背景下，人民阵线（Front populaire）政府被组织起来本试图阻止在法国看起来非常真实的可能性，即由反民主的同盟（ligues）——例如火十字团（Croix de Feu）——所领导的法西斯主义政变。1936年西班牙内战随着佛朗哥的长枪党人（falangistas）的入侵而爆发。因为英国和法国的袖手旁观和无所作为，墨索里尼和希特勒公然地支持佛朗哥的法西斯主义，整个欧洲的工人、作家和知识分子都前往西班牙为保护民主而战。在整个过程中，萨特一直保持写作。在早期的两部著作中有这些事件的回音（在《恶心》中简单提及了共产党人和纳粹党人在柏林的街道作战；吕西安·弗勒里耶变成了一个保皇派（camelot du roi）[1]，并以支持他的阶级的反犹太主义而终），但是回音仅此而已。事实是萨特，据他自己承认，与事态保持了距离。他和波伏娃也许对人民阵线和西班牙共和主义者都很"同情"，他们也可能"憎恶"法西斯主义者，但是他们没有做任何事情，甚至没有投票！萨特觉得哲学家就应该思考哲学，作家就应该写作，作家－哲学家就应该保持坚决地远离世界的虚妄的搅扰。但是这一切将以最戏剧化的方式发生变化。

整个20世纪30年代后期国际形势持续紧张，1938年9月随着所谓的慕尼黑危机达到了顶峰。德国军队占领了（前）捷克斯洛伐克的苏台德区（Sudetenland），既然那个国家的地界已经被英国和法国正式承认，看起来欧洲似乎正处于战争边缘。结果，战争延迟了一年，因为张伯伦和达拉第（Daladier）"出卖了"捷克人，希特勒再次被取悦。1938年9月最后一周发生的这些事情在萨特1945年的小说《缓期执行》（Le Sursis）中被重述。正如这部小说的题目所暗示的，在慕尼黑达成的只是一个暂时的停战协定。直到1939年8月底，

---

[1] 法文字面意思是国王的小贩，引申为保皇派、保皇党人。也指当时出售极右派报纸《法兰西行动》的人。——译者注

第一章 镜厅中的孩童

萨特写给他一个女朋友的信中还说:"希特勒不可能真的想要开始一场战争……那只是虚张声势。"但是两天以后,他对这同一个通信者说道:"所以,愚蠢已经取得了胜利。我今天晚上五点钟离开。"[1] 历史可以愚弄我们所有的人。

我们虽然没有当萨特知道他被召集入伍时,他的反应的直接记录,但是我们可以想象一种类似马蒂厄·德拉吕(Mathieu Delarue),《缓期执行》的主人公的反应:"'类别 2,但是那是我!'突然,似乎那个海报正瞄准了他;似乎有人带着侮辱和威胁已经把他的名字用粉笔写在了墙上。"[2] 生命中第一次,萨特发现自己被历史质询。

1939 年 9 月 2 日,他到南希(Nancy)第 70 师报到。然后开始了将永远地改变他生命的 19 个月。

---

[1] *Lettres au Castor* (Ⅰ), p. 272.
[2] *Oeuvres romanesques*, p. 805.

第二章 战争和人

关于战争年代对个人的重大意义,1975年萨特毫不犹豫地说:"我生命中最清楚的事情是我曾经有过断裂,这意味着两个差不多完全分裂的时刻……战争前和战争后。"[1] 经历了"二战"的人大多都可以理解"二战"作为一个断裂把他们的生活分成了一个"之前"和一个"之后",但是萨特这段话要表明的是,这种断裂是如此的彻底以至于后来的萨特几乎不能识别以前的自己。

客观地说,不可能再有比这更残酷的变化了:他从世界的文化之都,突然被运送到一系列寂静的阿尔萨斯(Alsatian)村庄:马尔穆蒂耶(Marmoutier)、布吕马(Brumath)、莫尔斯布龙(Morsbronn)和布维莱(Bouxwiller)。转换也发生在时间中,回到一个虽然他个人从未亲历过的"他的"过去:这个地方是母亲的家庭施魏策尔家的所在地。在巴黎,钦佩他的女

---

[1] Jean-Paul Sartre, *Situations X* (Paris, 1976), p. 175.

性朋友和情人的小圈子一直围绕着他，现在他发现自己身处最富侵略性的男人的环境。实际上，直到那时，萨特一直过着沉湎于各种各样的精英圈子的生活——无论是（在巴黎高师）作为精英中的一名实习生，（在高中）作为未来精英的教育者，还是在伽利玛出版社作为一个精英的休闲娱乐品的创作者。现在，他只是萨特，一名隶属于气象陆战队的二等步兵。他发现自己被迫与来自非常不同社会背景和眼界的人共处：法国电话公司的职员、从事服装业的巴黎犹太人、外省老师。

正如我们所看到的，马蒂厄·德拉吕——萨特那时正在写作的小说的主人公——最初面对他的"召集入伍令"时并不怎么高兴，但是至少它把他从完全的无名之辈状态拯救出来了："从这里开始，我开始变得有趣起来了。"[1] 然而，萨特在战前巴黎的文学和艺术圈子里已经开始"小有名气"了。所以小有分歧的是他的轨迹与马蒂厄相反：他发现自己重新跌入到无名的境地：一开始，至少没有人知道他是**谁**——他的生命并不比那些他称为他的"追随者"的同志们的生命更有价值。可有可无的、可以替代的、可以交换的：他变成了

---

[1] Jean-Paul Sartre, *Oeuvres romanesques*, édition établie par Michel Contat et Michel Rybalka (Paris, 1981), p. 805.

任意的一个普通人。成为一个**群众**的经验——对于战前那个精英人才的萨特而言是非常讨厌的事——后来将被萨特确认为是他生命中最重要的发现之一。

大家都说,萨特和他的同行者们没有因军事职责而过分劳累;他们的工作主要是一天两次给气球放气,观察它的飞行情况,然后做一些非常简单的计算得出风速和风向。一天里其他的时间他们都是空闲的。萨特把这种闲暇利用得很好:他正好继续做他之前一直在做的事情——也就是大量地阅读和书写。当大多数士兵可能都在给他们的爱人写信,让她们给他们寄送剃须刀片、巧克力和烟草时,萨特要求寄送的东西是书(必须承认还有奇怪的吊烟袋)。从海德格尔(Heidegger)到二流的侦探小说,从佩皮斯(Pepys)的日记到纪德(Gide)、达比(Dabit)和雷纳(Renard)的日记,他什么都读。他读"一战"的历史,读纳粹兴起的分析,似乎尝试最终理解他是怎样来到他所在的地方。他阅读哲学和传记(他长期着迷的事情之一)。他阅读历史和小说。他常常一天一读就是12个小时,直到他那只好的眼睛"眼冒金星"(自四岁以来,儿童时代的疾病已经使萨特实际上右眼失明了)。他同时也写作。反思萨特在假战争(Phoney War)的九个月中所写的这些巨量的文字,我们必须面对一个基本的真相：他是一台文本制作机器。光他写给波伏娃的日常信件就占了《给河狸的信》(*Lettres au Castor*) 的 500 页。他写作了并且重写了将在 1945 年出版的那本厚厚的小说《不惑之年》(*L'Age de raison*) 的草稿。尤其是他生产了一本战争日记；1995 年扩充版的这部日记有 600 页之长——它只包含了在这一小段表面上"无为"的时间里他完成的 15 本笔记本中的 6 本！可能除了 1958—1959 年当萨特写作《辩证理性批判》(*Critique de la raison dialectique*) 时使用苯丙胺兴奋剂而过度活跃之外，这九个月肯定是萨特整个生命中最密集的文学创作时期。他写作，似乎他的生命都依从于写作，而且在很多方面，的确如此。

在所有萨特去世后的出版物中，对于他著作的学生而言，《日记》(*Carnets*) 可能是最令人惊奇并且最有价值的。因为在日记里（萨特）记录了这些日记产生的方式和情形，它们可以把我们带到萨特与写作关系的最核心处。我们不可能在其他任何地方如此有效地理解写作对萨特意味着什么。当我们阅读一个日记作者时，我们目睹了日常生活的"再生"(recycling) 和变形。例如，我们意识到外部事件正在被某种情感所改变，或者正在被阶级化了的视角所改变，或者甚至被日记作者的病理情况所改变。所有这些在日记中都会出现，然而"加工处理"世界和转化世界的主要过滤器正是智力活动。在"一个人主要通过知解力（而不是情感、身体等）而与世界相关联"的特定意义上，阅读战争日记可以理解知识分子是什么这一问题。说一切都是作家工坊里的谷物似乎太老生常谈，但是我们很少有机会看到究竟那个工坊是怎样运作的。关于这些日记，那种直接让我们惊讶的东西是主题的不规则变化：它们包含了冗长的萨特对他正在阅读的书、报纸和杂志的讨论；对他的小说进度的反应；对他的物理环境的描述；包含了他经常对"追随者们"滑稽的肖像、语言和行为的描述；对痛苦地思索他的女朋友（们）回到巴黎后可能会遇到什么的"军人习态"（military mentality）的分析；还包含了最初的、碎片化的、自传体的草图；对"存在主义精神分析"的最初尝试以及许多页密集的哲学分析。所有这一切都被编织进经纬交叉的、作为一个处在这种"卡夫卡式的战争"中的士兵的每日生活的荒谬性中。

他经常重复申明战争已经"改变了"他，申明同伴之谊、被囚禁和被占领的经历已经把他从一个冷淡的个人主义者"转换成了"激进主义积极分子，如果不是因为这些日记的死后出版，这个申明也可能已经被认为是不言自明的东西了。**客观地讲**，这些申明在任何情况下都是不容置疑的：我们只需比较萨特战前与战后所做的和所写的东西就能明了。但是日记的意义正在于它使我们能够目击改变的过程以及这个过程中的各种变化；使我们问我们自己变化的是什么，不变的又是什么，最重要的是，使我们反思在这个自我转变过程中**写作**所扮演的角色：日记既是一种转变的记录，同时又是转变得以发生的必然方式。如果有人仔细核查在这段时间里写作对于萨特而言所扮演的各种功能的话，他将深入到艺术家与其媒介关系的核心。

像大多数应征入伍的士兵一样，萨特对处境的第一反应是一种不知身在何处的迷失感和自主权的丧失感。然后，不出意料的是，写作的日常实践的第一个功能就在于帮助作家重获他的位置感，或者"重新定位"他自己并且再度确定他虚幻的独立性。在"外在"（他人、死亡的可能性、军队的等级制、敌人的意图）非常重要并且威胁要压倒或者侵入"内在"时，写作是一种重新确定内在性特权的方式。关于这方面给人印象深刻的是第一本日记本，它包括了在前线的前六周。这本日记差不多全部致力于例如"战争的世界"这样的主题——似乎这种智力行为是神奇地奠定了主体对这个世界控制的一种方式，这个世界的第一个特征简单说就是它剥夺了管控的个体性和个人的身份。

第二章　战争和人

这种维持控制的欲望在涉及他人的地方尤其明显。为了理解这一点，我们必须记住这些日记本绝不仅仅是一个人的日记。虽然萨特不确定它们是否适合于公众，但是他写作它们的时候是有一个特定的公众在心里的：当它们完成时，它们被带给或者寄给波伏娃，然后波伏娃把它们带到亲密的"家庭"小组——主要是博斯特、奥尔加和万达里相互传阅。确切地知道谁将阅读这些日记，这毫无疑问使萨特能去估计它们的效果。在这一点上它们与萨特写给波伏娃、万达和其他人的许多书信非常相似。1939年9月前他已经审理了一小圈女性朋友，并高效而自私地（cynical efficiency）控制着这一小圈人的网络和信息流。现在他被调离到几百公里的距离以外，非常不适地置身于多少有些即兴的交流线路的末端。写作现在变成了他唯一的维持对他所谓的"基点"（cardinal points）进行控制的方式。写作的这种特殊功能，可由两件附带小事凸显出来，先是看出他对他的对话者失去了控制，然后通过他的笔的力量他又重新赢得了控制。[1]

---

[1] 关于这些时间的讨论和萨特对他们的回应，详见安德鲁·利克的"On Writing, Reflection and Authenticity in Sartre's *Carnets de la drôle de guerre*", *Modern Language Review*(1998), pp.927–984，和"Les enjeux de l'écriture dans *Les Carnets de la drôle de guerre:* prolégomènes à une théorie de l'engagement", *Etudes Sartriennes*, VIII(2002), pp.49–62。

内在遭外在的终极入侵就是死亡本身:"[死亡是]在我自身最内心深处的外在的出场。"[1] 即使死亡不是一种很大的可能性——由于萨特不是一个前线的战士——它至少是一种可能性,这迫使他反思死亡的意义。非常典型的是萨特把死亡看作是一个**叙述**的荒谬的中断。有时候,这种叙述会采取形象化的形式,就像一块有了草图的刺绣布料正在等待着被填满(现在人们可能更多地想到"数字油画");有时候这种叙述是一个旅行:"我现在意识到我在生活中起航,似乎我正在开始一个长长的旅行,但是它是一个给定距离的旅程和拥有确定目的地的旅行。在天黑之前我必须到达我的目的地。"[2] 写作不单是刺绣的图案之一,也不是沿途中的插曲之一:它是一切事情的根本形式和内容。他认为他的生活与他的作品(oeuvre)和他的生命一样广泛——当然得承认,在一开始和结束(婴儿期和衰老期)时带着一丝"非生命因素":"我总是想象我的写作不是孤独的产品而是被组织进一个作品。而且这部作品包含了一个人生命的整个范围。"[3] 因此我们可以进行一系列的推演:写作(écriture)的日常实

---

[1] *Les Carnets de la drôle de guerre*, p. 48.

[2] Ibid., p. 55.

[3] Ibid., p. 45.

第二章 战争和人

践生产了书写（écrits），而书写生产了一部作品；这部作品将只有在合乎"正常的"生命期限的意义上才是完整的；**因此，一旦这部作品在生产过程中（也就是说，一旦书写正在**被日常的写作实践所生产），死亡就没有理由进入。这意味着，是写作不断地推迟着死亡的过早到来。就像一个现代的（latterday）山鲁佐德一样，萨特通过讲述/写作来活命。正是据此，我们也许可以理解他用以描述他对他的旅程的完成狂热地迷恋的那些措辞："我不希望感到疲惫或者要停止。我全部的意愿就是向着目标而努力。没有任何可能去懒散或分心，我决不让自己随波逐流，每件事情都是这个旅程上的一个要素。"[1] 这就是促使萨特在那场假战争中一天写作12个小时的必然性。知晓了潜藏的死亡，也许它仅露端倪，萨特也可能会像罗冈丹一样说："真相是我害怕松开我的笔。"写作是他的护身符："我还没有到死亡的时间 [……] 神奇的是它使我确定在我已经到达旅程的终点之前我不会死亡。"[2] 他只是用写作来"打发时间"，这种反对意见实际上与其说是一种异议不如说是一种确证。当他写作时，他把自己从真

---

[1] *Les Carnets de la drôle de guerre*, p. 55.
[2] Ibid., p. 56.

实的时间中抽离(在这种真实的时间中人类生存和死亡):时间被转化成空间,而且这个空间可以被信件与词语、语句与语行、纸页与笔记本[……]的不断积累来测量。这种时间的空间化在战争日记中随处可见。例如在1940年3月27日,仿佛急切地希望召回久远的时间偏差,他写道:"我对真实性或者大写的虚无的思虑,到现在已经有好长一段时间了。"[1]实际上,仅仅两周前他才刚好写了关于这些主题的一则长长的日记(entry),但那两则日记被17000个词汇的文本"时间"相互区分开。正如他自己评述的:"我总是把充裕作为美德!"[2]

1944年上演的萨特的《禁闭》(*Huis clos*)中的人物被放置在一个没有镜子的地狱中,然后他们被处罚永远在彼此的眼睛中寻找他们自己的形象。这个情形与萨特1939年秋所处的情形不无相似之处:被剥夺了来自他所信任的周围环境的常规性凝视,他被那些还没有懂得怎样理解他的人所包围。某种意义上,他变得不可见。可以预测的是,他的书写变成了他的镜子。虽然第二本日记本丢失了,但是我们知道

---

[1] *Les Carnets de la drôle de guerre*, p. 614.

[2] Jean-Paul Sartre, *Lettres au Castor et à quelques autres* (II), édition établie, présentée et annotée par Simone de Beauvoir (Paris, 1983), p. 147.

第二章 战争和人

在其中他在那年11月初开始写自我写照。这种早期的自传性质的描画（在其他日记本中也是如此）是《日记》最原始的面貌之一。如果这些日记像一个有许多不同线头的纺织物，那么自我写照仅仅是这许多线头中的一个线头——有时候出现在表面上，有时候隐藏在更显著的叙述线头之后，但是却一直在场。当我们提供了关于萨特生命的前34年的很多"事实性"信息时，我们可以不必按照时间的先后顺序这种叙述方式来叙述：随着生命的主题部分地被重要时刻的事件所提示，部分地被贯穿整个文本的哲学思考所提示，我们组织叙述的方式可以是主题式的和插叙的。采取这种方式，通过以下主题的说明，如名声、荣誉、死亡、与他人的关系、性、友谊、财富、所有权、金钱，我们可以了解不同时期萨特生活的细节。这种碎片化的、主题化的生活书写方式很可能是受到了米歇尔·莱里斯（Michel Leiris）的《人的时代》（*L'Age d'homme*）的启发，萨特曾经饶有兴趣地阅读过此书。[1] 无论如何，以上的一切说明萨特思想的各条线索的不可分离性。当他说"生命和哲学自此以后就合二为一"

---

[1] Michel Leiris, *L'Age d'homme* (Paris, 1939).

时[1]，我们完全能理解这个断言的回响。

对于我们中那些首先通过《词语》，直到后来才发现《日记》而走近萨特生命的人来说，阅读后者是一个令人久难平静的经历。这并不是因为它们的差异，而是因为它们惊人的相似性，甚至到连语言表达都一致的程度。因此，他把变化作为维持他的日记写作的动力，这是更令人惊讶的：

> 我以前憎恨个人日记，我认为人不是为了看清他自己而被创造，我认为他应该保持他的眼睛一直向前看。我现在还没有改变。但是我想，在一些或者其他极其重要的情况下，当一个人处于正在改变他生命的过程中，就像蛇正在蜕下它的皮时，他可以看看这死去的皮肤，看看他已经弃之脑后的一条蛇这个脆弱的意象，并且看清他现在所处的位置。[2]

这里的意图很明显是"总结"然后继续向前。关于这个摸底训练的总结在差不多五个月之后——1940年3月，这个

---

[1] *Lettres au Castor* (II), p. 39.
[2] Ibid., pp. 351—352.

第二章 战争和人

总结是非常有节制的:"我不与任何事情,甚至我自己团结一致;我不需要任何人或者任何事。这是过去34年里我为自己创造的性格……我不喜欢这种性格,我想要改变。"[1] 令人好奇的是,比起他在日记的开始时,他在日记的结尾时似乎离产生这种变化更远了:它们以"我正在改变"开始,而以"我想要改变"结束。期间无数的断言说明这种改变已经发生了。后来,事情被萨特认定为"我"的这种"性格"的本质弄得更加复杂。这个问题以一种逻辑悖论或者谜语的形式出现:"不是它所是,并且是它所不是的存在物是什么?"那个必须改变的并且被留下的"我"就是那个其根本个性倾向于自我批判的"我"。正如萨特自己所承认的,识别和谴责一种性格特征并不够,根本的是要改变它。只有一个理想主义者才能对几个词语的这种神奇的施为性(performative)价值有如此的信心。所有这一切提出了改变的可能性的问题,或者提出了与"什么改变了,什么仍旧如前"的问题相关的问题。

1939年到1945年间一个**客观**改变仍然发生了:那个"金权民主主义(plutodemocracies)的抽象的人"变成了一个具

---

[1]　*Lettres au Castor* (Ⅱ), p. 538.

有社会承担的知识分子。再一次强调贯穿在《日记》中的各种线头之间的相互依赖性,这个变革的主题通过对一个特定**哲学**概念延伸的反思而完成。我们正在谈论的这个哲学概念是真实性(authenticity),但是萨特总是更擅长揭示不真实而不是自己去定义真实。在短篇小说《墙》中,萨特就已经在处理真实性概念与死亡的关系了。与海德格尔"向死而生"(Being-towards-Death)相反——海德格尔提出死亡是我们"自身最大的可能性"(ownmost possibility)——萨特已经在那篇小说中暗示出,死亡远非我们的生存被不停地导向的那个顶点,死亡不过是荒诞性闯入了一个生命的核心:它并非一个协奏曲的最后那个决定了之前一切的音符,而更像是正在那个钢琴家头顶坍塌的屋顶:一个人总是死得太早,或者太晚,但是从来没有死得"准时"的。此时(1939—1940年),萨特第一次面对他自己"过早到来的"死亡的可能性。日记中很多早期的条目都关切面对这种不测事件应该持有的态度:坚忍的超然或者哭泣的咬牙切齿。但是实际上他对生存比对死亡更感兴趣:"生命"被定义为耗尽了各种选择的累加物,被定义为一个人历经时间所建立的关系和活动的网络,一个人学会确认自身的关系和活动的网络。战争是一个断裂的点,但断裂或积极或消极,取决于一个人适应它的态度。毫无疑问，萨特一开始期待这场战争是短暂的——仅仅是他生活当中的一个插曲——而且他的生活将继续像之前的太多岁月一样保持不变。他的"生活"，正如他所说，是他为自己制作的一个甲壳：他的朋友和爱人、他的文学和他的哲学、他的工作、他的习惯（也许令人惊讶，他是个具有严格习惯的人）。但是与这一切相反的是，这里出现的是扔掉一切、断绝和一切人与事的关系、砸碎模子以不同的形象重塑自己的诱惑："面对高更（Gauguin）、凡·高（Van Gogh）和兰波（Rimbaud）我有一种真正的自卑情结，因为他们可以放弃他们自身……我越来越确定，要达到真实性，必须突然斩断某些东西。"[1] 但是是什么呢？高更曾经放弃了他的工作，抛弃了妻子和家庭去追求他的艺术；凡·高疯了。但兰波是最激进的：十几岁就被宣称是个天才的他，在20岁的时候**停止了**写作，而且转向了其他事情。萨特确信这种决定不可能是反思的结果，而肯定是在一种整个人格猛烈变革的情况下自然产生的。这些就是《日记》中形塑他的思想的备选方案：反思或者自然发生；自我重复或者激进转变。

---

[1] *Lettres au Castor* (Ⅱ), p. 214.

另一个海德格尔式的概念——历史性（historicity）——与真实性一起出现，有助于把这个选择变成焦点。在萨特的意义上，拥抱历史性意味着放弃战前对社会和政治的漠然。这就涉及懂得和实践一个简单的道理：没有人是完全属于他自己的一个孤岛；我们的存在不可避免地是社会性的和历史性的。所以真实性的任何改变都必然会影响其历史性所得出的结果。

正如萨特清楚地意识到的，抓住精妙变化的本性是一回事，但要带来这种变化则是另一回事，特别是当一个人到了"34岁，而且就像一个气生植物一样被砍断了一切"[1]时。在抓住自身"转变"的过程中，萨特也正在写作《自由之路》（*Les Chemins de la liberté*）一书的第一卷，他的主角马蒂厄面对同样的困境。陷入一份不再能激励他的工作，困入换汤不换药的市侩婚姻关系中，头发日渐稀少，体重日渐增加，马蒂厄——像萨特一样——不喜欢他为自己所创造的"角色"。改变的迷人声音就在那里：他应该满足于他哥哥所提供的庸俗体面吗？或者（他应该祈求）那种使得他的朋友布吕内（Brunet）变得如此强大和坚毅的具有政治承诺的生活？

---

[1] *Lettres au Castor* (Ⅱ), p. 538.

或者也许他应该不受约束，宣布他对反复无常、不可预测且年轻得多的伊薇什（Ivich）的热情？最终他什么都没有做。因陷入过度的自反性中，他绝不会"失去自己"，因为他害怕闭上眼睛，孤注一掷。西班牙内战与他擦肩而过，人民阵线也与他擦肩而过：他仍旧保持"免于所有的责任，但却知晓一个人必须对自己负责"[1]。然而他的自由有什么用呢？在第一卷的结尾，他苦涩地沉思到，他的自由，已经被他的生活"吸干"了，就像被吸墨纸吸干的墨水。

同时，马蒂厄的创造者似乎正在信心满满地超越他的角色的困境。如果从个人主义的意义上来说，在1940年2月给编辑布里塞·帕兰所写的信中，萨特斗志昂扬："说到政治，不必担心：我将只身前往那个战场，我不会跟随任何人，而那些想要跟随我的人将会跟随我。"[2] 三月初的一则日记暗示他还有一段路要走，但最后他知道他<u>应该</u>去哪儿了："海狸（波伏娃）给我写信说，真正的真实性并不溢出某人生活的方方面面之外，亦并非站在生活背后加以评断得来，也绝不是放纵自己于生活的时时刻刻，而在于投入生活之中并因

---

[1] Cf. Jean-Paul Sartre, *Huis Clos* suivi de *Les Mouches* (Paris, 1947), p. 120.
[2] *Lettres au Castor* (II), p. 82.

其成为某人。"[1] 真实性意味着在世界里，在世界上行动，然后因这些行为而成为某人——而不是去摒弃这些行为，就好像被已被抛弃的另一个"我"拖累了，得像蛇蜕一般丢弃掉似的。他发现了一个意象，能够描述他的这种习性，这种避免为他的行动承担责任，避免投身真实世界的习性——他称之为"意识之塔"。的确，不只是一种习性，这正是他的性格特点。1940年3月中，他正准备从这个塔上彻底地走下来，但是这件事遇到了一个新的困境：如果他放弃这个塔作为幻想的避难所，以便于让自己扎根在世界上（正如他所说"生根"）的话，这难道不会使他又变得深陷世界吗？他难道不会陷入可怕的"严肃精神"吗："所有严肃的思想都是对热爱世界的人的弃绝。"[2] 他的答案是一个自信的"不"字："尽一个人所能的真实，他将会对所有的一切感到自由——甚至比在那个假想的塔中更自由——因为他被宣告了没有遮掩、没有借口的自由。"[3] 然而，这种无疑预示着战后岁月里的承诺和责任的真实性，并非没有问题。

最棘手的问题在于写作自身。真实的承诺需要个人撤

---

[1] *Les Carnets de la drôle de guerre*, p. 538.
[2] Ibid., p. 578.
[3] Ibid., p. 580.

除安全网，把自己置身于世界的冒险中：外在于个人的世界是一个危险的、难以预料的地方，它臣服于那些不是个人自己创建的法则，或者甚至更糟糕，臣服于随机事件的变化莫测；只有在自我创建的内在世界里，个人才可以保卫自己的自治权和（幻想的）无上全能。萨特太清楚他对写作的投入，本质上其实是他向真实的生活积极转变的一个障碍："即使在战争中，我也会转危为安，因为我直接的反应是写下我的所感所见。如果说我把自己置入质疑中的话，那是为了书写那种自我审查的结果，当然我能明白我只是正在**梦想**去质疑我书写的欲望。"[1] 当他宣布他准备好了从象牙塔里走下来时，在他的生命仍旧是一场"游戏"的前提下，矛盾比表面多：他正在宣布，从此以后他想在真实的世界里行动，并且继续被那种否定现实的行动（写作）来定义。

这种矛盾成为1940年2月出版的一个重要文本的内在核心。直接接续了《想象》的《想象物》(*L'Imaginaire*) 一书，是早在20世纪20年代就开始的、受胡塞尔现象学启发的关于意象本性的思考的顶峰。萨特说到，意识可以通过两种基本的途径把它自己投射到它的意向性对象（intentional

---

[1] *Les Carnets de la drôle de guerre*, p. 215.

objects）上：知觉（perception）和想象（imagination）。当我感觉一个客体，我就把它设想为真实的和在场的；如果我想象它，我就正在把它设想为不真实的和缺席的。意识不能同时想象和感觉一个客体。这种激进的和有异议的理论在真实和想象之间创造出了一种绝对的分离。不幸的是，它也启动了伦理学与美学之间的分离："真实从来就不是美的……那就是为什么混淆伦理学与美学是愚蠢的。"[1] 正如萨特在《恶心》中已然暗示的，只有圆形、方形、乐曲、艺术品等有必然性；真实的世界是被偶然性和荒诞性所支配的。

当假战争一直拖拖拉拉到1940年春时，很显然萨特并没有准备好把这投入"生活的核心"，投入"关于这场战争最偶然和最荒诞的一切"。当然，如果写作能够在某种程度上被视作是**在世界中的行动**（action in the world），那么矛盾将会被解决……

在《自由之路》的第三卷，"马蒂厄循环"结束了，"布吕内循环"开始了。在被迅速增加的德国军队包围时，马蒂厄为了自由采取了一个荒唐的举动，他选择留下来与一些前线战士一同在钟塔顶楼作战，徒劳地尝试放慢敌军前进的速

---

[1] Jean-Paul Sartre, *L'Imaginaire* (Paris, 1940), p. 372.

度。在这个塔(很显然是一种萨特自己的"象牙塔"的回声)在德军的迫击炮攻击下面临倒塌的危险时刻,布吕内——这位共产党人——沉着地从他被安排住的地窖中走出来,牺牲了他自己:就是为了他,战争才开始的。萨特自己被捕的情况像布吕内一样令人扫兴:从哈根瑙(Hagenau)和布莱斯威勒斯(Breschwillers)撤退下来后,在临近埃皮纳勒(Epinal)的一个叫帕杜(Padoux)的小村庄,他没有射出一颗子弹就被俘虏了。那天是1940年6月21日:他的35岁生日。在巴卡拉(Baccarat)集中营度过了两个月后,8月中旬,他又被移交到离卢森堡(Luxembourg)边界很近的德国特里尔(Trier)第十二号战俘集中营(Stalag XIID)。正是在战俘集中营的这八个月期间,萨特自己处于"之前"和"之后"的断裂处。在这个有2.5万人口的城市,这个被战争隔离,带着它无处可逃的混乱、它的社会等级制度、它的政治派系和集团、它的每日充满阴谋和诡计的城市,波伏娃的这些话肯定是针对萨特:"**离开人群**……一个人非常孤独。然而我在人群中确信了我的孤独。"[1] 在医院过了几周相对舒适的生活后,萨特装病的事没有被发现,他被送到"艺术家

---

[1] *Les Carnets de la drôle de guerre*, p. 538.

的小屋"。但是他最亲近的伙伴——因学识上的相近,而非宗教倾向相同——是教士和牧师,在集中营,有很多教士和牧师,他们中有很多都是受过很高教育的耶稣会士。出人意料的是,在这种集体性的存在中萨特感到很高兴。熟识那位在假战争中孤僻、好斗的隐士——总埋首于书本——的那些人,肯定会对他在集中营里所发生的变化感到惊讶。不像假战争,这是一个黑白分明的世界,一个他们和我们的世界,在这个世界中"他们"是残忍地可见的和可见地残忍的:敌人的在场既团结了囚犯,又抚平了那种在和平时代已经很明显的差距:"在集中营中我所喜欢的是那种成为大众中的一部分的感觉。那里存在着一种夜以继日的不止息交流,那时候我们作为平等的人直接相互交流。这一切让我受益匪浅。"[1]

1940年圣诞节,萨特有了艺术怎样能够在服务大众中起作用的初次经历;他承担了在仅仅六周的时间里写作、创作和导演一部圣诞剧(Nativity play)的所有任务。在耶稣诞生的表面下,实际上,这部剧是对反抗的动员。同名主人公巴里奥纳(Bariona)是一场民族解放运动的领导,他发誓要把

---

[1] *œuvres romanesques*, p. lvi.

罗马人赶出犹地亚（Judea）。这里的宣示很清楚——即使表面上它确实没有被正在观看的德国守卫所察觉——自由或者死亡，面对最无望的胜算时的希望。这部剧的重要性并不在于它的适度的文学价值，而在于萨特从这种经历中所学到的东西。它被总结进解放后用英语出版的一个文本："就是在那时，当我对着舞台脚灯那边的我的同伴们讲话，谈论他们那种囚犯的境遇时，我突然看到他们出奇安静，全神贯注地听着，然后我意识到戏剧应该是什么了———种伟大的集体的信仰现象。"[1] 后来的 20 年中，萨特将多次重新激活这种体验：他的戏剧——不是他的小说、他的哲学专著或者甚至他的报刊文章——将把他的思想直接带给法国和全世界的观众。

对于在战俘集中营中发现的新生活，萨特是如此高兴，以至于当逃跑的机会出现在他面前时，他只好带着某种不情愿逃跑了。1941 年 3 月，多亏了一份上面写着由于半盲了，所以萨特不适宜服现役的伪造的医疗证明，萨特才得以被释放。

---

[1] "Forgers of Myths: the young playwrights of France", *Theatre Art*, 30, no.6 (June 1946). 这篇文章仅出现过英语译本，本文引自 *Les Ecrits de Sartre* (p.374)，这是由编者从英文翻译回法文的。

1941年4月12日回到巴黎的萨特，至少从外观上看，变了一个人。波伏娃被这种改变吓到了，也被"他那种道德说教态度的坚定性"所震惊。战俘集中营的"集体的生活"在他身上已经留下了深深的印迹：自此以后，他将在行动中追寻"救赎"。但是，是什么样的行动呢？被侵占的巴黎并不是战俘集中营中摩尼教（Manichaean）的世界。如果萨特已经在假战争中"失去了他的承受能力"，那么1941年春被侵占的法国更是一个令人迷茫的地方。萨特与生俱来的优势——知识分子精英的优势——被粉碎并且溃不成军。在那些1939年占据了中心舞台的作家们中，一些已经选择了通敌，一些已经把他们的命运交给了戴高乐的法国自由军，另外一些则变得绝望或者冷漠，还有一些坐上了最后一班去美国的轮船就这么离开了。1939年希特勒－斯大林签订《苏德互不侵犯条约》后，法国共产党陷入了道德无人区：发自肺腑地仇恨法西斯主义，但却处在"官方"与纳粹合作的境况下。所有的出版物都得服从德国或维希政府的审查制度。当然萨特回到巴黎是为了**行动**，而不是为了写作。

这种欲望的第一次展示是在1941年春，即他组建了一个反抗小组。这个小组一开始是由"家庭成员"组成的：奥

第二章 战争和人

1946—1948年间，萨特和西蒙娜·德·波伏娃在巴黎一家咖啡馆

尔加、博斯特、万达、让·普永（Jean Pouillon，另一个来自勒阿弗尔的以前的学生）以及他们最好的朋友和同事。巴黎高师那些日子萨特和波伏娃共同所结交的朋友，哲学家莫里斯·梅洛-庞蒂（Maurice Merleau-Ponty）之前已经组建了他自己的一个小组，现在这两个小组在同一个旗帜下联合起来：社会主义和自由（Socialisme et Liberté）。由老师、讲师、学生和以前的学生组成的这个小组，整个下来大概有50个成员。章程很简单：反抗纳粹、维希政府和一切形式的通敌

卖国。他们采取的行动也许也是这样一个小组能够想象的唯一行动：他们书写、印刷、分发一些号召大家抵抗侵占者的煽动性的小册子。1941年夏，这个小组开了个会以充分估量他们的处境。很显然，迄今为止，他们的行为都是无效的。小组的一些成员正在失去耐心，并且呼吁更直接的行动；另一些则怀疑他们正在进行的冒险活动与他们取得的成果不成比例。另外一个问题在于当时与其他小组的联系非常困难。恐惧和多疑也非常普遍——当然有充分的理由，所以已经建立的小组对外来者的建议非常谨慎。共产主义者，出于他们的立场需要，正在散布谣言说，萨特是由于通敌叛国的作家德里欧·拉罗舍尔（Drieu la Rochelle）的直接干预才被从战俘集中营放出来的，还说他应该被视为一个德国的间谍。这次事件很大程度上起因于萨特和保罗·尼藏的友谊。尼藏于1940年5月23日被杀害，但他在此之前由于厌恶希特勒－斯大林条约而脱离了共产党：他现在成为法国共产党恶意诋毁而毫无还手之力的对象。

为了尝试取得联系并且扩大小组的行动，萨特和波伏娃1941年夏跑到了自由地带（Zone libre）。这次的任务就是一个灾难。在安德烈·纪德（André Gide）那里，他们偶遇了躲在法国里维埃拉（Côte d'Azur，又称"蔚蓝海岸"）边上的别墅里的对世事冷漠的老人；在安德烈·马尔罗（André Malraux）那里，他们见到了一个机会主义者正在等待俄国的坦克和美国的飞机来赢得战争。结果，尽管马尔罗自己对整个事件进行了自我吹嘘的描述，但是伟大的**法国反纳粹游击队员**马尔罗实际上直到1944年初才加入抵抗运动的。

1941年秋回到巴黎，在孔多赛中学（Lycée Condorcet）接受了一份教职的正是这个沮丧的萨特。社会主义和自由小组走到了末路；它一直步履蹒跚到最终被解散之前的那一年年末。像沦陷元年的许多其他的小的、短命的抵抗小组一样，由于缺乏有组织的支持，而成为戴高乐主义者或者共产主义者，它也失败了。关于这个小组，最有意义的事情是，它的章程具体化到了它的名字中：一种真正的集体主义的社会主义，不过它承认和保护集体中的每一个成员的自治权。萨特将用他的余生以及各种各样的模式和形式来追求这种难以实现的目标。

萨特第一次突破"意识之塔"的围墙就碰了一鼻子灰。这证明要"扎根"在现实世界中比他能想象的还要困难。他以其典型的方式退回到了一个安全的地方。1942年他返回到他所熟知的事情中：写作。那些在积极的抵抗运动中没有找到一个令人满意的发泄口的能量，似乎已经被引导回写作中了。在短短的一年时间里，主要是在咖啡馆里（至少它们暖气很足），他完成了《自由之路》第一卷的收尾工作，开始写作第二卷（《缓期执行》[*Le Sursis*]）；他还创作了一部戏剧（《苍蝇》[*Les Mouches*]）；同时非常令人震惊的是，他完成了《存在与虚无》（*L'Etre et le néant*）的全部写作——这部大部头的著作是他作为一个哲学家声名的基础。顺便提一句，他还出版了论加缪、巴塔耶(Bataille)、布朗肖(Blanchot)等人的重要论说文，同时还在中学全职教书。

毫无疑问，在萨特心里，社会主义和自由运动失败后他所写的每个词都是一个反抗**行为**。他的第一部商演剧《苍蝇》很好地说明了这一点。在巴黎解放后的一个采访中，萨特说那部他真的想写的剧要讲述的是"恐怖分子"的故事："在街道里枪杀德国人的恐怖分子导致了 50 个人质被处决。"[1] 实际上，从 1941 年 8 月，当一个抵抗者在巴贝斯（Barbès）地铁站枪杀了一个德国军官时，纳粹主动的攻势就结束了：1941 年 9 月和 10 月，为了报复，100 个人质被杀了。

《苍蝇》是 1943 年 6 月 3 日在城市剧院（Théâtre de la

---

[1] Jean-Paul Sartre, *Pour un théâtre de situations* (Paris, 1973), p. 225.

Cité）上演的，该剧由夏尔·迪兰（Charles Dullin）导演并主演。像《巴里奥纳》（*Bariona*）一样，该剧采用的是人们所熟知的"走私"文学形式：在重新激活古希腊悲剧的外表下，萨特的抵抗宣示通过舞台脚灯被私运给观众。俄瑞斯忒斯（Oreste）重新回到他的出生地阿耳戈斯（Argos），发现埃癸斯托斯（Egisthe）谋杀了他的父亲即国王，篡夺了王位，并且娶了他的母亲克吕泰涅斯特拉（Clytemnestre）为妻。王权背后的权力是朱庇特本人。阿耳戈斯人被朱庇特设计的、埃癸斯托斯执行的一种忏悔的官方信仰所管束。这和维希政权的类比是非常明显的。自停战协定后，贝当(Pétain)提倡的就是这样的教条：如果法国被打败了，那是因为她活该；现在是时候为那些使得这个民族如此衰弱的堕落和颓废表现出适当的忏悔和内疚了！但是这部剧远非被历史语境所限制的应时作品。它的主题将是那与萨特变成同义词的东西：自由。在同时刺杀了篡位者**和**其母亲——蔑视公认伦理——并重新证明那种行为是正确的后，俄瑞斯忒斯再一次解放了自己：他已经带着一种抽象的自由到达了阿耳戈斯，承受了存在之不可承受之轻；他将该城市之罪担在自己肩上就离开了。在《日记》中，萨特用一个响亮的格言表达了他对自己不能扎根于世界的惋惜之情："我要用泥做的我来代替用风做的我。"[1] 俄瑞斯忒斯引发了这种从"风"到"泥"的改变。

就其政治内涵而言,比起给予答案,这部剧可能提出了更多的问题。俄瑞斯忒斯并没有用自由民主政治维持和统治阿耳戈斯,而是把阿耳戈斯的民众们留给了他现在充满怜悯和忏悔的姐姐厄勒克特拉(Electre,她在刺杀行动中帮过他)和朱庇特。我们可以认为阿耳戈斯人将在新的旧政权下简单地继续他们被蒙骗的生活方式。在俄瑞斯忒斯的行为(或者它只是一个姿态?)中政治现实主义的缺乏,这种行为的理想化的个人主义,正是俄瑞斯忒斯毫无疑问地分享了萨特自身特质的特质所在,如果一个前成员关于这种社会主义和自由的判断是可信的话:

> 就从对我而言非常幼稚的开始说起吧:例如,他们从来意识不到他们的空谈在多大程度上危害了他人所做的工作……他们虽然可能在大学里学到了某些推理技巧,但是我可以告诉你,当涉及政治行动时,他们当然不知道怎样推理。[2]

---

[1] *Les Carnets de la drôle de guerre*, p. 539.
[2] 引用自 Annie Cohen-Solal, *Sartre, une vie 1905–1980* (Paris, 1985), p. 242。

第二章 战争和人

无论是否如此,这种知识分子的清谈与行动者的"实"干之间的对立将成为后来萨特所有主要剧作的中心问题。

《苍蝇》在商业上是失败的;因为要演给贫民,它大概只上演了二十场左右就被撤下来了。不难想象通敌卖国者所发表的评论是怀有敌意的,虽然敌意更多地指向该剧的美学层面而不是指向它已被觉察的任何政治"宣示"。尽管如此,《苍蝇》在一定程度上,还是把萨特带回到了公众的视野,提醒那些《恶心》和《墙》的读者他依然存在。这一点比《存在与虚无》1943 年 6 月出版时可说的要多。鉴于当时的情况,那本大部头的著作只被一小撮专家所关注是意料之中的。正如我们将看到的,它在 1945 年将被戏剧化般地"重新发现"。在 1943 年和 1945 年之间,它似乎服务于一个更实用的目的:有这样一个传说,即该书第一版的重量恰好是一公斤,这使它很合适称出被配给的土豆的重量!

从 1943 年春开始,萨特的生活开始转变了。他可能在 1942 年缩回到了他那创造性的内壳里,但是他巨大的劳动成果已经让他声名远扬,一个全新的关系网甚至在他并没有意识到的情况下正在成形。尽管《苍蝇》可能在受众卖座上是失败的,但是《苍蝇》使得萨特的名字引起了有影响力的陌生人的注意。电影制作人让·德拉努瓦(Jean Delannoy)委托萨特根据他在其剧本中领悟到的东西写一个电影剧本；作家和人种志学者米歇尔·莱里斯写的评论是关于这部剧作极少的夸赞性的评论之一，发表在秘密杂志《法兰西文学》(*Lettres françaises*)上。出现在如此多的前沿阵线上——小说、短篇故事、哲学、戏剧——的事实起到了播散萨特的名字，扩大他的名声的作用。而且，在巴黎狭隘的**文学圈子**里，口耳相传是一种强有力的宣传方式。1939 年到 1945 年间发表的文学评论方面的权威文章——一开始在《新法兰西评论》，然后在《法兰西文学》和《南方杂志》(*Cahiers du Sud*)——使得萨特成为一个文学品位的权威评判者。它们还产生了意想不到的效果。萨特关于阿尔贝·加缪的处女作《局外人》(*L'Etranger*)的热情洋溢的评论，导致 1943 年《苍蝇》彩排的时候加缪出现了并且介绍了他自己。

随着侵占从坏变得更加糟糕——1942 年，因法国的犹太人被大量驱逐出境而成为最黑暗的一年——萨特从容不迫。1943 年初，法国共产党决定采取包容性的政策。之前诽谤和诋毁了萨特，现在他们则向他示好。虽然有一点点怨恨，萨特还是同意加入秘密的全国作家协会（Comité National des Ecrivains，CNE）。在萨特参加的全国作家协会会议上，他进一步扩大了他的新社交圈：加布里埃尔·马塞尔（Gabriel

Marcel)、保罗·艾吕雅（Paul Eluard）、米歇尔·莱里斯、雷蒙·格诺（Raymond Queneau）、阿尔伯托·贾科梅蒂（Alberto Giacometti）、弗朗索瓦·莫里亚克（François Mauriac）（一个著名的天主教小说家，萨特在1939年2月发表的一篇有影响的文章中，曾对他做了具有毁灭性效果的批评）。从1943年秋开始，萨特和波伏娃一直陷于忙碌的社交活动中。随着波伏娃的第一部小说（《女宾》[*L'Invitée*]）在当时的出版，她也加入了新的文学精英圈。拍摄于1944年春季的一张照片，塑封了沦陷末年他们的生活。巴勃罗·毕加索（Pablo Picasso）曾写过一个题为《欲望被尾巴抓住》（"Le désir attrapé par la queue"）的短剧，米歇尔·莱里斯和泽特·莱里斯（Zette Leiris）决定在他们的套房里并且由他们的朋友来扮演主要角色将它搬上舞台。在毕加索的画室里拍摄的、杰出的演员阵容的快照本身是很有说服力的：一如既往地被女性所包围，毕加索是焦点（虽然他没有屈尊看照相机）；加缪，带着他忧郁的美貌，蹲坐在舞台中心的下面一排，很自信地低头朝向照相机；在他右边的是莱里斯，在他左边的是萨特。萨特也正在看镜头——因为他的斜视正好让他看到镜头。在照片中他的位置——是在中心但是多多少少也有些边缘，是一个小组的一部分，但是又从中分离出来——反映了那时候在艺术家和知识分子精英集团中他的位置:同时既在里面又在外面。随着纳粹遭到全线反击,思想界也正在转向解放后的法国;萨特的立场出现了矛盾:"国家社会主义和个人自由是相反的,这是肯定的。但是有其他形式的社会主义……"[1] 他想象的"第三条道路",即能够避开既有的党派,寻找一条在它们之间的道路,也许有些天真。然而,这种以可能是什么(what could be)的名义对**是**什么(what is)的拒绝,是他思想的常项之一:它曾经因此对巴黎高师的霸权的唯心主义哲学进行了全面的拒绝;现在也因此在《存在与虚无》里,在他的"虚无"(nihilating)理论里,意识召唤它自己对是什么(what is)采取了否定行为;正因此他反对作为体制的文学;也会因此,晚些时候,他将对各种形式的体制化进行批判;还是因为,也许更显著的是,他持续地对自我进行批判,对僵化和惰性无比恐惧。对于萨特而言,任何有意义的建构过程必须从对一个已然是什么(what already is)的质疑中开始——就只**因为**它已然是(it already is)。

1944年5月27日,左岸(Left Bank)的老鸽巢剧院(Théâtre du Vieux-Colombier)是当年文学事件的现场:萨特

---

[1] 未出版的文本转引自 Cohen-Solal, *Sartre, une vie 1905—1980*, p. 269。

的新剧《禁闭》在此首演。这也许是他最完美的剧作：一去《苍蝇》的冗长和史诗式的虚荣做作，取而代之的是几乎预示了贝克特（Beckett）一样的简洁的语言和处境设置。三个人物——一个男的和两个女的——被判了刑，要在一个非常萨特式的地狱里共度永恒。没有镜子，他们必须依靠彼此的凝视——和语言——来维持和创造他们自身的形象。回到世间生活里，他们已经永远地跌落到了公共视域里；因此，生活将决定他们**是**谁：加尔森（Garcin）胆小鬼，伊奈司（Ines）女同性恋，埃司泰乐（Estelle）杀婴犯。然而，在地狱里，他们仍旧需要为每一件事情而尽力：要获得"拯救"，每个人必须劝说其他人中的某一个将其看成其希望被看成的人。但是这毕竟是地狱，一切之所以被如此安排就是为了使其不可能：人物们将用他们的永生永世来寻找他们自己的面容。"他人即地狱"，加尔森说——这是许多公众将以此来"认识"萨特的口号性标语中的第一个。然而，任何那个时候**读过**《存在与虚无》的人都应该知道，它并无意对人类的关系做普遍判断，**过分**依赖他人去了解自己的人，实质上就是把他自己置于活地狱中：我们必须在大写的他人所拥有的关于我们的客观知识和我们能有的关于我们自身的不那么本质性的主观理解之间达到一种平衡。

要在萨特自身的个案中维持这种特定的平衡，被证明是非常困难的。《禁闭》使他某种意义上变成了一个明星：他立即成为被需要的人；采访和约稿的要求像雨点一样涌来；各种委托任务和各种各样其他的提议每日接踵而至。从这时起，萨特一直不断地出现在公共视域中，但是他在那里所能瞥见的他自己的形象并不一致。他引起了人们的钦慕，同样也招致了人们的轻蔑，每一个赞美都被另一个抨击所抵消。当他注视这面镜子时，他必然看到他的形象碎成了上千个碎片。像所有艺术家一样，也许萨特也在寻找他自己的面庞。这一点自从孩童普鲁发现语言是一面镜子——同时是通向世界的一扇窗口时，就的确如此了。即将突然到来的名声仅仅凸显了他的困境。

《禁闭》上演两周后，同盟国登陆诺曼底；两个月后他们到了巴黎。沦陷结束了，"萨特时代"即将开始。

第三章　声名的代价

"社会主义和自由"的失败产生了爆发性的创造力：两本小说、两部戏剧、五本电影剧本、十一篇文学评论文章和一篇影响深远的哲学论文。除了绝对的写作生产力外，令人震惊的还有著作的多样性。虽然萨特总是而且从根本上是一个**作家**，但是是哲学提供给他一种技巧和一种方法论——一种推理方式和一种阐释模式。从这个基础出发，萨特涉猎了很多相近的领域：小说、戏剧、电影。1944年，他获得了将其影响扩大到新闻业的机会。当同盟国到达巴黎，解放指日可待时，加缪邀请萨特写一系列亲历事件纪实。在1944年8月的最后一周，萨特徒步、骑自行车穿行于巴黎，他直接目击了暴乱：顽固分子的小规模抵抗和巷战被法国内务部队（Forces Françaises de l'Intérieur）和随手操持武器的普通巴黎民众给解决了；接着有解放、释放和胜利的欢乐，同时也有必胜腔调和寻衅报复的丑态：对通敌叛国者的总攻击、执行死刑和羞辱。大清洗开始了。全国作家协会的争论日益被报复和算旧账的事所主宰：哪些作家和记者通敌叛国最多？什么样的惩罚是合适的？如果法国盖世太保的普通成员应当被处死，那么作家如巴西拉奇（Brasillach）或者塞利纳（Céline）（他写过些偏激的反犹小册子）该怎么处置呢？更棘手的问题是出版商的问题：毕竟，有人不得不出版这个协会的作家们的未来著作。后来，出版商相对而言逃脱了解放的大清洗（虽然，德诺埃尔 [Denöel] 的确于1945年在街上被枪毙）；萨特的出版商，加斯东·伽利玛，解释其一直持续出版反纳粹作家的作品；他也给过萨特一个非常有趣的建议：伽利玛将对萨特作为负责人的新的评论提供资金。随着大清洗迅速地遍及全法国，以及全国作家协会内部斗争在1944年秋的继续，萨特越来越少参加全国作家协会的会议——这个会议日益被共产主义者所控制——相反他把自己的精力都投入到组织他的编辑团队来满足自己的新爱好上了。

1944年12月，加缪来找萨特并提了另外一个建议：法国新闻工作者代表团准备对美国进行一次官方的访问，加缪想让萨特作为他的报纸《战斗报》（*Combat*）的代表参加。

1945年1月，当39岁的萨特飞走时，这是他第一次到达欧洲以外的地方。在圣安东尼奥（San Antonio）机场跑道

第三章 声名的代价

1944年10月16日在巴黎为了纪念纳粹受害者而举行的国民阵线委员会游行示威。萨特直接站在词汇"戏剧"下

所拍摄的照片可以看出萨特与他的新闻工作者同伴们相比很矮小,他站在牌子后面看起来和大家相当疏远——这就是他在5个月的旅程中将采取的立场。他很早就"知道"美国了,是通过他童年时代的连环画《尼克·卡特》(*Nick Carter*)和《野牛比尔》(*Buffalo Bill*) 知道的,通过他所认为的先锋作家:福克纳(Faulkner)、海明威(Hemingway)、多斯·帕索斯(Dos Passos) 知道的,尤其是通过爵士乐,通

萨特和法国记者在五角大楼乔治·C.马歇尔（George C. Marshall）将军的办公室访问他。马歇尔坐在最左边，萨特站在左起第二个位置

过电影知道的。但这是真事：从飞机制造厂到坦克制造厂，从发电站到水力发电项目简直是无穷无尽的旅程。还有一连串枯燥无聊的接待：参观白宫，听卡内基音乐厅（Carnegie Hall）的音乐会。萨特几乎不懂英语，能说的甚至更少，这一点使他无法专注于这种"官方"文化。他更多是和侨居美国的艺术家、作家、电影制作人和知识分子待在家里，他们在纽约组成了一个松散的团体：阿多诺（Adorno）、布莱希特（Brecht）、马尔库塞（Marcuse）、列维－斯特劳斯（Lévi-

Strauss),超现实主义画家唐吉(Tanguy)和马松(Masson)。即使如此,由于众所周知的他对知识分子闲聊的厌恶,有人怀疑他和查理·帕克(Charlie Parker)的会面以及他在尼克酒吧(Nick's Bar)所度过的沉浸在爵士乐中的夜晚可能更合他的心意。

因此,他寄回来的文章大部分都是平淡的、缺乏创见的和令人沮丧的。在一定程度上,这是由于他对武器装备和土木工程的技能缺乏热情,但是这也可能关系到语言本身:萨特需要在法国——甚至在巴黎本身更好——才能**身处**他的语言中:后来萨特常常评论他与法语语言之间的紧密所属关系。[1]

非常重要的两次邂逅发生在官方的活动之外。第一次是私人的。萨特与同胞多萝丽斯·瓦尼蒂(Dolorès Vanetti)的关系始于一次偶遇,自此以后他与波伏娃的感情遭受了考验,也是唯一一段能够挑战他与波伏娃关系稳定性的感情。波伏娃在1974年承认多萝丽斯是"唯一让[她]担心的人"。在他继续停留美国的日子里,多萝丽斯用她的英语为萨特服

---

[1] 参见 Sartre's "L'Ecrivain et sa langue' in *Situations X* (Paris, 1976)", p. 41。

务，正如他后来所说的，"把美国给予[他]"。[1]

第二次偶遇甚至更重要。在美国政府资助的旅程和事务安排表接近尾声时，新闻从业者们可以随心所欲地做他们自己的探索。萨特自己飞到得克萨斯州和新墨西哥州。在那里他看到了贫穷、种族主义和令人难以忍受的压迫。那七篇旅途文章渗透了一种在他按照官方路数所写的平淡无奇的报告里所缺乏的感情。在1945年7月发表的一篇文章中，他评论道："黑人问题既不是政治问题也不是文化问题：黑人属于美国无产阶级，他们的奋斗目标与白人工人无异。"[2] 多年以后，他将修改这个伪马克思主义的观点——尤其在"黑人奥菲尔"（Orphée noir）中，他认识到反黑人种族主义有其特殊性，这种特殊性使其与白人无产阶级所遭受的压迫相区别。最重要的是这次与美国南方腹地种族主义的他者（Otherness）的相遇导致萨特反思法国的殖民种族主义。这就揭示了某些他从智力上发挥作用的重要途径。对自我的认知必然得通过对他者的认知。萨特在美国"那里"所观察

---

[1] Simone de Beauvoir, 'La Cérémonie des adieux' suivi de 'Entretiens avec Jean-Paul Sartre' (Paris, 1981), pp. 389–390.

[2] Michel Contat and Michel Rybalka (eds), Les Ecrits de Sartre (Paris, 1970), p. 123.

到的东西开启了萨特对"回到这里"——法国和它的殖民地——正在发生的事情的反思。在十分不同的语境下，为了不同的效果，这种相同的辩证法将主宰萨特通过他挑选出来的某些他者的个人传记所进行的自我分析：波德莱尔、马拉美（Mallarmé）、热内（Genet）、福楼拜等。反思和**自我批判**将成为《现代》（*Les Temps modernes*）杂志——1945年10月开始出现的一本新评论——的主导原则，反殖民主义将是它最持之以恒的编选原则。

九月新学年的开始（la rentrée）在法国文学日程上是最重要的日子。几乎没有哪个开学像1945年的开学这么重要，没有人能在那里如此完全地占据了头版头条。

1945年9月，萨特小说三部曲的前两卷同时出版。《不惑之年》早在1941年就已经完成了，差不多在他从战俘集中营回来的时候；第二卷——《缓期执行》——是在1943至1944年那阵忙乱中写就的。由于第一卷是1938年6月开始启动的，而第二卷是在同一年的9月启动的（"慕尼黑危机"的时刻），在小说情节的现实与1945年的读者的现实之间已然存在了一个很大的裂隙。相应地，它的主角面对的主要问题，似乎在很久以前就被它的作者解决。在萨特自1938年以来所发表的文学评论文章中，萨特已经尽可能地讨论了小说的情节和读者的行为之间的时间性匹配问题;他非常赞同《不惑之年》中的那种惯例,其情节发生在仅仅两天之内。马蒂厄·德拉吕——一个30多岁的哲学教师——拥有很多20世纪30年代中后期萨特的特征:因为需要一个积极的理由为自己负责,所以他逃避各种各样的义务;他用逃避任何约束和义务来阐明自由的含义。当他的长期情人玛赛勒(Marcelle)宣布怀孕时,危机爆发了。小说的情节,不过如此,即马蒂厄为了堕胎而去努力弄钱,可他却不知道,玛赛勒甚至不想堕胎。那两天结束后,马蒂厄与玛赛勒分手,并且被伊薇什(一个他一直羞怯地追求的年轻学生)所拒绝,同时,他自己拒绝了他的朋友布吕内的提议,即参加共产党并通过集体斗争给他的生活赋予意义。他保持了他的自由,但是结果如何呢?自由不是一个你可以很简单地把它储存在一个安全的地方直到你准备好去用它的东西。当他一个人坐着去沉思他生活的废墟时,他被迫承认他以前的自由只不过是一种没有价值的抽象物:"没有任何目的。这种生活给不了他任何东西,他什么都不是,因而他绝不可能会改变。他完了。"[1]

---

[1] Jean-Paul Sartre, *Oeuvres romanesques*, édition établie par Michel Contat et Michel Rybalka (Paris, 1981), p. 729.

第三章 声名的代价

正是这种结论的消极性，启发萨特把前两卷一起出版，因为，在三部曲的整体框架中，马蒂厄将确切地以萨特自己所认为的，自战前以来他已经改变的方式真正地改变：马蒂厄也将发现他自己的历史性，发现他事实上与他人的团结一致性，也许甚至也将发现一种正面的承诺。

《不惑之年》的个人戏剧性在《缓期执行》中变成了一种集体的戏剧性。回顾往事，萨特认识到慕尼黑危机是这样一个时刻，此时他明白了他不是一个自足的单子，而是像其他每一个人一样，对于历史性改变的力量而言是开放的和可变的。在《缓期执行》中，他试图把即将发生的战争呈现为一种同时在任何地方又不在任何地方的现实：每个人存在的方式，每个人思想的情境，每个人行为的背景仍旧是难以捉摸和难以理解的。为了达到这个目的，他借助了一种形式创新，对此，他之前著作的读者没有任何能准备的。他从多斯·帕索斯那里借来了"同时性"（simultaneist）技巧，尽力去展示慕尼黑危机的每一个时刻，就像它同时被全欧洲经历一样，不仅如此，他还通过被其直接影响的个人，或者更有趣的是通过那些已经完全忘记它的个人来展示慕尼黑危机。围绕在中心人物马蒂厄周围的一小群人物现在变成了成千上万个；事实上大约有 100 个。如果，正如哲学家帕斯卡（Pascal）谈到的宇宙一样，战争是一个无尽的球面，它处处是中心而无处不中心，那么，增加中心或者个人意识才是目的，这样一来一种总体性的印象就被创造出来了。尽管萨特以精湛的技艺实现了从一个人物到另一个人物的叙述视角的转换——有时候甚至在一个句子里非常无缝地实现这种转换——这种尝试很明显注定是要失败的：即使他创造了一千个或者甚至一百万个人物，那种总体的图景还是无法再现的。而且，不管过渡多么平滑，文字媒介的线性特征（一个单词必须接着另一个），意味着文本只能做到相近于同时性。被当时的评论家誉为冒失的失败的《缓期执行》，现在则被认为是萨特最好的文学成就之一。大多数评论家那时候期望通过第三卷去发现这些通向自由的路将把主角带向何方：结果，他们不得不等到四年以后，到那时，这场旅程当初为何开始已经变得不那么清晰了。

紧随在《不惑之年》和《缓期执行》之后，是萨特热切盼望的新杂志的第一期的出版——在卓别林（Chaplin）的电影《摩登时代》之后名为《现代》(TM)的杂志。编辑部的核心成员是萨特、波伏娃、阿隆（Aron）和梅洛-庞蒂：全部都是哲学家，也是在巴黎高师所结交的朋友们。编辑部

第三章 声名的代价

成员还有作家和人种志学家米歇尔·莱里斯和非常有影响力的法国文学的幕后掌权者让·波朗（Jean Paulhan）。在1945年10月的第一期，萨特写了一个引言，陈述了该杂志的编辑方针。这篇文章是一个对即将开始的被认为是"介入文学"（committed literature）的事物的真正宣言。它的主题非常简单，字数也非常少：作家要对他写什么或者不写什么负责；作家必须为当下写作，而不是为未知的子孙后代写作。有些人——如安德烈·纪德——假装把它读作一个社会主义现实主义的纲领，但是这份杂志的政治路线之所以被用如此模糊的术语勾勒，其实就是它实际上毫无意义："我们要向那些想要同时改变人类的社会条件的人看齐，向那些有自我概念的人看齐。"[1] 这个"引言"实际上回顾了法国最近黑暗的过去，同时它致力于一个勇敢的新世界。谈到一些作家如伏尔泰（Voltaire）和左拉（Zola）——他们采取了反抗不公正的立场——萨特说："这些作家中的每一个，在其生命的一种特殊的境况中，履行了其作为一个作家的职责。"[2] 如果作家像巴西拉奇认为他们自己是没有责任的，反证就

---

[1] Jean-Paul Sartre, *Situations* II (Paris, 1948), p. 16.
[2] Ibid., p. 13.

会以最戏剧化的方式到来:巴西拉奇在1945年2月因通敌叛国罪被枪毙。萨特用激怒资产阶级文学界的话继续说:"我认为福楼拜和龚古尔(Goncourt)要为巴黎公社(Paris Commune)的镇压负责,因为他们没有为阻止它写过一行字。"[1] 当萨特坚持作家应该为当下而不是为子孙后代写作时他也正在回顾过去。就他自己的过去而言,简单来说:正如我们所看到的,这种身后荣耀的神话是使孩童时代的萨特首先成为一个作家的很大的"误解"。甚至在《恶心》中,罗冈丹最终在一个未知的未来读者的眼睛中找到了"救赎"。难道萨特就从来没有用更多的热情和欢乐去为了反抗自我而写作!

当萨特把《现代》杂志既与资产阶级的"分析精神"(这里似乎没有组织,只是一个个人的集合)又与马克思主义的"综合精神"(这里似乎没有个人,只有集体)区分开来时,其政治路线最好的指向也就出来了:"对我们而言,我们拒绝使我们自己在正面与反面之间撕裂。在想象一个人虽然完全地被他的处境所决定,但他仍旧是一个无法确定的不可约

---

[1] *Situations* Ⅱ, p. 13.

减的中心这一点上，我们毫无困难。"[1]一些读者也许不知道论证的细节，但是新的口号是足够清晰的：自由、责任、承诺。

问题是承诺很快就变成了法国共产党的垄断权，它正在忙于榨取它在战时的抵抗中所拥有的主导位置的每一点最后的可信性。

萨特为《战斗报》所写的最后七篇文章结论如下："明天将是一个非常黑暗的星期天，一个空空的星期天；那一夜后的清晨。星期一，商店和办公机关将重新开业；巴黎将重新运作起来。"[2]他是对的：一旦解放的狂喜褪去时，尤其是共产主义者都回去工作了。这种工作包括了攻击萨特，他们强行把他认定为"绝望哲学"的最高教士。共产主义周报《行动》(*Action*)发表了一系列的文章攻击萨特的"悲观主义"，并且指责他"败坏了我们的青年人的道德"。1944年12月，就在萨特出发去美国之前，他实践了他回击的权利，他在《精神》(*Esprit*)杂志上发表了一篇短篇文章以"澄清问题"。第一次接受了"存在主义者"的标签——被共产主义者用作

---

[1] *Situations* II, p. 26.
[2] *Combat*, 4 September 1944. 转引自 *Les Ecrits de Sartre*, p. 106。

侮辱的标签，他承担了一个又一个的控告，并尽力去证明存在主义是一种"关涉行动、努力、斗争和团结一致的人道主义哲学"。很明显，共产主义者们没有被说服，整整一年，如果说有什么区别的话，那就是攻击的恶意不断在增加。因此1945年10月萨特接受了做一个题为《存在主义是一种人道主义》的公共讲座的邀请，尝试保护自己免受这种无情的攻击。他也遭到了来自天主教权力的攻击，本质上而言，他们的指责和共产主义者的别无两样。

但是萨特还有其他的动力去做这个讲座。存在主义突然出现在每个人的嘴边。人们正在发掘他以前的著作，尤其是《存在与虚无》。每个人都知道这本书的名字，但是很少有人从头到尾读过它。这没什么好惊讶的。《存在与虚无》是一部高度技术化的著作，融合了从笛卡尔到海德格尔之间的所有主要思想家的思想：当大部分公众甚至都从来没有听说过这些思想家，更别说读过他们了时，怎么能期待一个非专业的公众跟上萨特与康德和海德格尔进行辩驳的精妙观点？这本书的语言也是一块绊脚石：与正常的哲学术语十分不同，这本著作包含了许多令人迷惑的新术语，同时也包括了萨特自己对德国术语的特殊翻译与描述。而且这部著作也包括了能引导读者相信他们正在跟着情节走的元素：萨特行文方法的新奇性之一是他使用平庸的、日常的情境去说明最深奥难懂的观点的方式。因此你会发现对一个咖啡店服务员的夸张的姿态近乎小说的描述；发现很多令人难忘的小插曲，例如通过年轻女性使自己"在没有意识到的情况下"受到诱惑来说明"背信弃义"（bad faith）；发现在同性恋和"真诚的拥护者"（"champion of sincerity"）之间的对话性冲突。"与他人的具体关系"（爱、欲望等）的那一大章的可读性，被有关日常用语的引人注目的注解加强，例如"为了某人愿成为世界上的任何东西"或者"我的眼里只有你"。还有一些口号，最臭名昭著的就是"人是一种无用的激情"。如果你已经读了并且理解了前600页，这种某种意义上诗意的表达是十分清楚的，但是如果你没有读，它将意味着任何东西和一切东西。这就是问题所在：萨特认为他写的是一本论辩严密的论著，但是现在他发现自己正在因为从来没有写过的东西而被责难；他的著作的意义正在开始从他那里滑走，进入一种被歪曲、被滑稽模仿的形式。做下述讲座的一个重要动力因此是想要重新获得他对自己思想的控制权（多年以后，在最终意识到它们的徒劳之前，尤其是在戏剧《脏手》[Les Mains sales] 中，他将做其他这样的尝试）。

现代俱乐部（Club Maintenant）的讲座是1945年开学的一个大事件。体会这次讲座的轰动程度的一种方式，就是读鲍里斯·维安（Boris Vian）在他的1947年的小说《岁月的泡沫》（*L'Ecume des jours*）中对此的滑稽转述。他令让－索尔·巴特（Jean-Sol Partre）坐在一头大象的象轿上到达大厅，然后在一篇混乱的场景中坐直升机离开。[1] 象轿和直升机都是发明，但是剩下的很少夸张：所需要的空间远远超过了被供给的空间，当时有肢体非常不得体的场面——扭打、互殴、损坏座椅、人们在反季节的热浪中晕厥。当他最终开讲的时候——不用讲稿——他给了一个关于《存在与虚无》的"最重要部分"标准的并且简洁的摘要，也是逐个观点地反驳共产主义者和天主教徒们等的批评。他尽量从他的本体论中得出一些伦理学的结论，然后添加到萨特式的口号目录中去："人是自己行动的结果，此外什么都不是""人为他所是负责""我们的责任牵涉全人类"等。把存在主义仅仅描述为"一个探寻一种清晰的无神论的所有结果的努力"，他宣称它提供了"一门行动和责任的伦理学"。这些话很明显很符合共产主义者的口味，但是，平心而论后者仍旧没有被感

---

[1] Boris Vian, *L'Ecume des jours* (Paris, 1947).

第三章 声名的代价

动,这丝毫不会让人感到惊讶。事实上,萨特的位置仍旧是个人主义的,至多是理想主义的。在抽象的由"在选择中成为自己,个人选择为了所有人"这种口号所表达的团结性,和参与到真实斗争中的真实组织的具体团结性之间有一条鸿沟。试图调和个人的**本体论**自由和组织的**实践**将是萨特余生的事业。

存在主义很快变成了一个时尚物的事实,对于他成功说服他的诽谤者们没有起到任何作用:年轻的男士们和女士们,穿着一身黑,只在夜间出来——甚至还戴着黑色的眼镜——开始称呼他们自己为"存在主义者"并且频繁出入于左岸旁边的圣日耳曼德佩区(Saint-Germain-des-Prés)的爵士乐酒窖。这个第一波解放后的时尚追随者们接受了像萨特、波伏娃、加缪这些作家们的思想和生活方式。像萨特更可能被发现是在他妈妈的公寓弹四手联弹的钢琴奏鸣曲这种事实当然哪里都不存在。不可否认,在萨特和这种波希米亚生活风格之间有某种间接联系:《不惑之年》中有一个臭名昭著的场景——尽管流行于1938年——发生在**声名狼藉的**爵士乐地窖;萨特曾是鲍里斯·维安——爵士鼓手、作家、博学家、"圣日耳曼德佩的王子"——的朋友;他那时已经为女歌手朱丽叶·格雷科(Juliette Gréco)写了一首歌,他自己也是爵士乐爱好者，虽然他的品味有些"老旧"。所幸他不喜欢黑色高圆翻领和瘦腿裤。事实上，他作为整个新一代的精神导师（或者"知识领袖"）所肩负的重担可能远远超过了他的思想对手们堆在他身上的恶名。

贝尔纳－亨利·莱维（Bernard-Henri Lévy），在其关于萨特的近著中，花了一整节书写"憎恨"。共产主义者的辱骂近乎刻板和机械：资产阶级的马屁精、土狼、走狗、小资产阶级理想主义者等。仍旧活跃的贝当主义（Pétainist）右派更具想象力，天主教周刊《星期六晚上》（*Samedi Soir*）成为他的主要敌手。比起共产主义者的动物学隐喻，后者更喜欢用基于各种各样形式的粪便的明喻。它们中的一个把萨特的哲学比作"人们只有踩着高跷才能在其上冒险的铺满粪便的小路"。[1]《费加罗报》（*Le Figaro*）的主编至少引起了人们对萨特不朽灵魂的关注："时间已经为他除魔，给他涂上硫黄，在圣母面前燃烧了他——这是拯救他灵魂的最仁慈的方式。"我们可以从萨特同时惹怒斯大林主义的法国共产党和天主教右派的能力推论出他肯定正在做一些正确的事情。

---

[1] Bernard-Henri Lévy, *Le Siècle de Sartre* (Paris, 2000), p. 49.

第三章 声名的代价

在《苍蝇》中，傀儡国王埃癸斯托斯悲叹道："除了让其他人害怕我以外，我是什么？"萨特也不得不经历那种随着自我的耗尽和自我被他人不可调和的判断所替代而来的迷惘："当一个人还活着的时候就把他当作一个公共的纪念碑来对待并不是一件令人愉快的事情。"[1] 可能有所安慰的是1945年12月，他为了长时间探望多萝丽斯而飞往了美国。他的声名先于他自身，但不是恶名。像一个真正的明星，他在所有的常春藤大学做了公开的讲座，甚至还在卡内基大厅"做了表演"。

当他1946年春返回巴黎时，骚动还没有消失：《存在主义是一种人道主义》的文本在他回来之前刚出版，论辩继续着。好似要与前一个开学的宣传相匹配，他选择那年的秋天作为两部新剧的首演时间。虽然是因为不同的原因，但它们中的每一部都引起了一片哗然。11月8号，《死无葬身之地》(*Mort sans sépulture*) 和《毕恭毕敬的妓女》(*La Putain respectueuse*) 开始在安托万剧院 (Théâtre Antoine) 交替上演。

第一部是关于酷刑的一部阴冷的戏剧：一组**法国反纳粹**

---

[1] *Situations* II, p. 43.

游击队员正在一个一个地被民兵（法国的盖世太保）折磨以迫使他们背叛他们的领导。这部剧的张力不在于他们是否将泄漏信息，而在于他们个人对这种酷刑的反应，包括之前和之后。拷打场面的暴力和受害者中的一个被强奸的事实激起了一场公愤。在那个以前的通敌者正准备厚颜无耻地爬出他们一直藏匿着的洞穴的时刻（到1950年时，几个"维希人"将实际上返回政府），这部剧在描述法国盖世太保时触到了其痛处。由于萨特与法国共产党持续的矛盾，值得注意的是这部剧如果说有一个"正面英雄"的话，那么他是一名希腊共产党员。

第二部剧用一种相当滑稽的方式处理了一个反黑人种族主义的严肃主题——那是当时美国由于一系列近来的私刑而引发的新闻的一个主题。主人公是一个妓女和一个在她家避难的黑人：因为对一个白人女性的性侵犯，他正在被私刑党搜寻，而性侵犯实际上是一个当地议员的儿子——私刑党自己的领导所犯下的。目睹了这件事后，这个妓女一开始抗拒了这位议员的哄诱，于是他企图劝说她改变她的证词，"换个角度"看真相，但是最后她还是被分享"美国梦"的幻象所诱惑。这正是这部剧的题目，比它的主题问题和它的被感知到的反美国主义（anti-Americanism）更进一步的是，这部

第三章 声名的代价

剧激起了最大的丑闻。娼妓（putain）这个词汇被认为是不得体的，在海报上不得不被字母 p 代替。

新学期的主要文稿是《关于犹太人问题的思考》（*Réflexions sur la question juive*）。这是萨特最有影响力的文稿之一，虽然它的影响力更多地始于 1954 年在伽利玛出版社的再版，而不是它鲜为人知的出版商保罗·莫里昂（Paul Morihien）所出版的第一版。这是一部"偶然之作"，是一部产生过程现在很难去重构的作品。萨特两年前开始写作它，很多材料显示这部书受益于萨特两次对美国的访问，但是在手稿缺失的情况下，很难确切地说它是什么时候被写成的。这个文本的论点显然非常明确：不存在"犹太人的问题"，问题在于反犹分子。犹太人是被大写的他者所控制而成为一个犹太人的。这个文本最成功也是最长的部分是反犹分子肖像的刻画，而最有争议的是那些处理真正的和非真正的犹太人的章节。在讨论完并且排除了种族与文化是犹太人"本质"的决定性特征后，萨特总结到所有这种"本质"的残留物都是历史和社会的情境，犹太人在其中被刻板化为犹太人。在这种语境中，真正的犹太人是将造就他的社会情境纳入考虑范围并大胆地再度证明这个情境的人；非真实性则在于否定这种情境："对于（犹太人）来说真实性就是作为犹太人生存在他的极限境遇,非真实性则在于否定它或者企图逃避它。"[1] 非真正的犹太人将尽力"同化"因而拒绝他的境遇。这种同化的失败近在 1942 至 1944 年的怪诞做法（grotesque fashion）中就已经被证明了,那时候法国那些甚至都不知道他们是犹太人的犹太人在被反犹主义同胞告发后都被放逐到奥斯威辛（Auschwitz）去了。然而,萨特把同化视作关于"犹太人问题"的长远答案：当反犹主义仍旧存在的时候,试图同化犹太人是非真实的,但是当反犹主义自身消失时,那么,逻辑上来说,犹太人也会消失。

虽然很少有人怀疑萨特的善意,但是很多人批评萨特作为一个非犹太人,对犹太性所做的假设。犹太人尤其批评他缺乏历史视角,也批评他不能认识到存在着某种犹太主体性,这种犹太主体性不能被简化为一种外部判断的简单的内在化。这篇论文现在被认为是"应用萨特主义"的一个例子。

解放后这些年,萨特不断在与自己"追赶"：每一个他给非专业公众普及或者推广他的哲学的文稿或者讲演,都招来了专家的攻击和批评;这些攻击和批评反过来迫使他去重

---

[1] Jean-Paul Sartre, *Réflexions sur la question juive* (Paris, 1946), p. 110.

第三章　声名的代价

新定义他的位置并且更正他所引起的误解。这正是上文提到的发表在《精神》杂志上那篇短文，即《存在主义是一种人道主义》的情况，这篇短文在1946年激起了海德格尔非常激烈的回应。在他为《现代》杂志的前两期所写的社论中，他启用了术语"介入文学"，但是几乎没有相关解释说明。为了大范围地回应被一些人视为空口号的东西的批评，萨特开始着手写一篇很长的解释性文章，这篇论说文以《什么是文学？》（*Qu'est-ce que la littérature*）为题目于1947年发表于《现代》杂志。这是他的著作中最为人知也最难理解的一篇。概括地说，它对作家角色的传统资产阶级概念做了批评，并提议一种新型的"介入性作家"（committed writer），这种作家将为他的时代写作。萨特个人历程当然是被夹在这两种角色之间。这部著作由四个章节组成。它以一种关于"什么是写作"的问题的相当技术性的讨论开始。在《想象》中，萨特把各种各样的艺术创作从伦理学的领域区分出来，这一点将被再度忆起。由于《什么是文学？》迫切的伦理需要，现在则出现了非常尴尬的事情。他通过以下方式解决了这个问题，即现在声明至少艺术的努力中有一个区域或多或少直接关系到现实，那就是散文创作："[散文]作家论及意义。让我们澄清以下这一点：符号的帝国是散文；诗是在绘画、雕塑和音乐一边。"[1] 散文作家以一种及物的、"工具性的"方式使用语言，以达到作用于他的读者和世界的目的。他的语言是通向共享的现实世界的透明的玻璃。但是诗人像那耳喀索斯（Narcissus）一样：他的语言是不透明的，像镜子一样，在其中诗人沉思他自己的影像。语言是一种实用工具的思想已经出现在《存在与虚无》中，在《存在与虚无》中，语言作为身体自身的延伸而出现；在《什么是文学？》中，最重要的思虑是使写作成为它**必须是**的东西，如果它与萨特新建立的政治的和社会的战斗性相一致，也就是说，与一种行动方式相一致：那么写作就是行动。这也与《存在与虚无》的分析相一致，是因为命名一个物体其实已经是向其他人揭示或者"揭开"了它，这样做的同时也改变了它。

从很多方面来看，下一章（"为什么写作？"）最有趣的地方就在于它揭示了萨特自己的写作选择——暗示出这位诗人的自恋的某些方面甚至存在于这位散文作家的交际态度中。一个人写作根本上是为了感受与他的创造力有关的本质性；但是因为我们的构成的偶然性迫使我们进入了非本质性，这个目的注定是不能实现的：没有存在的理由。幸运的

---

[1] Jean-Paul Sartre, *Qu'est-ce que la littérature?* (Paris, 1948), p. 17.

第三章 声名的代价

是,读者在那里:在下一章(为谁写作?)中,我们看到"艺术只为他人而存在,艺术也只有通过他人才存在"[1],"每一部文学作品都是一个吁求"——一个从自由地创作他的作品的作家到自由地拿起这部作品并重新创作它的读者的吁求。写作因而是从一种自由到另一种自由的吁求,是一种非强制性的相互认知行为。当然,读者也可以简简单单地放下书,在这种对世界的重造中拒绝与作者合作;这也是为什么文学创作被萨特称为冒险的契机的原因,在这场冒险中作者把自己置于险境,置于世界之外。如果说他人对于艺术家的努力来说是关键的,那么他们不再是《存在与虚无》中抽象的"他人"(autrui):他们是作者同时代的有血有肉的真实的人。萨特用一个尽管精确度有些暧昧的农学的精彩短语评述道:"很显然,香蕉当场吃,味道要好得多:书也是。"换句话说,作者应该为此时此地写作,而不是为某种不确定的后代写作。

但是,是什么样的"此时此地"呢?这部著作的长长的结论章("1947年作家的处境")叙述了萨特自己在囚禁和占领期间的经验怎样使他意识到,不管你喜不喜欢,我们都

---

[1] *Qu'est-ce que la littérature?*, p. 55.

被卷入到历史的征程中：历史的"外部"并不存在，也没有作家从那里可以平静地观察在他脚下的凡人们徒劳的纷扰的奥林匹斯山（Olympus）。一旦作家抓住了对于他的时代而言这种实际上的责任的意义，他的任务就在于为他自己和他的读者说明这种责任的本质。要做到这一点，他必须意识到他和他的读者都要从一种神秘化和异化的立场开始："纳粹主义是一种神秘，戴高乐主义是另一种，天主教是第三种；现在毫无疑问法国共产主义是第四种。"[1] 在这种思想构型中，作家的工作必然是去神秘化："我们必须向读者揭示，在每一种具体情况下，他的做或者不做，也即他行动的权力。"[2]

《什么是文学?》的主要主题——异化、责任、慷慨大度、创造性——在1947年至1948年的其他文本中反复地出现。例如，他在放弃原先的计划而最终写了一本600页左右伦理学著作（身后以《伦理学笔记》[*Cahiers pour une morale*] 为名出版）之前，曾意在写"一本作家写给作家的伦理学"，讨论的就是作家和读者之间的理想关系，这种理想关系就在于共同参与一场克服异化的斗争，这样才不那么

---

[1] *Qu'est-ce que la littérature?* , p. 342.

[2] Ibid., p. 350.

容易变成敌对阶级之间的历史斗争。

尤其耐人寻味的是，他在《什么是文学?》里诋毁诗是"自恋的"，但诗歌在这个时期的文本中占据压倒性位置。1947年，他应邀为利奥波德·桑戈尔（Léopold Senghor）的《黑人和马达加斯加人法语新诗选》(*Anthologie de la nouvelle poésie nègre et malgache de langue Française*) 作序。他的妙序题为"黑人奥菲尔"。在这篇序言中，萨特撤回了或者至少是与以前有差异地对待它在《什么是文学?》中关于诗歌的轻蔑评价。实际上，他宣称："黑人法语诗歌是今年唯一伟大的革命性诗歌。"[1] 那种表面上看起来使得诗歌不适于介入性的特性——它的封闭、它的暧昧——现在看来赋予了诗歌非凡的革命性和颠覆性潜能。诗人仍旧是自恋者，但是黑人那耳喀索斯成功地将他的自我普遍化，以至于他（反抗殖民种族主义）的斗争变成了所有人反对压迫的斗争。这个文本在很大程度上奠定了萨特在第三世界知识分子和自由斗士中的地位。

伦理关切很清楚地出现在《波德莱尔》中，这是萨特存在主义传记中的第一本，出版于1947年。这并不是萨特

---

[1] Jean-Paul Sartre, *Situations* Ⅲ (Paris, 1949), p. 233.

关于这种文体的第一次尝试:《荒谬战争日记》有很多页分析德皇威廉(Kaiser Wilhelm),所使用的数据就来源于卡尔·路德维希(Karl Ludwig)关于该君王一本传统的传记。《存在与虚无》中有一个节题为"存在的精神分析法"("La Psychanalyse Existentielle"),萨特描绘了一种旨在综合而非分析的传记问询方法:鉴于传统的传记倾向于简单地并列零散的传记材料而不去整合它们,萨特探索了一种新方法,借此已知的材料——正如它出现时杂乱无章——将被传主(subject)的生命谋划(life project)(他称为"原始谋划"[original project])统一起来。弗洛伊德的精神分析和马克思主义在这个意义上都是综合的,但是他们每一个都有其缺点,萨特认为:精神分析使材料从属于普遍的无意识力量;另一方面,马克思主义只是通过把它归入历史决定性的"客观"力量而使其内在性大打折扣。早在这时,萨特就在寻找某种意义上可以将主观性和客观性综合起来的方法。还有一个非常重要的萨特传记驱动力的线索:德皇威廉的早期素描被导入到一个宽泛的自我肖像之中;萨特关于他人的写作也是自我的投射。也就是说,他所使用的语言和概念都是通向另一个人生活的窗户,都是他希望在其中瞥见他自己的镜子。(我们只有**作为别人**,在我们无意识地偶遇到我们的映象时,才能瞥见我们自己:例如，当我们在拐角处，在一个我们假设是透明的商店的橱窗里遭遇了我们的映象。）通过这种方式，萨特的存在主义传记——如果不是明确的自传——就是自我投射。

讨论了这一点以后，波德莱尔研究更令人关注的就在于它的雄心而不是它的成就。在这本传记中，萨特打算论证波德莱尔不是天生的被诅咒的诗人（poète maudit），而是像我们大家一样，他恰恰拥有他应该拥有的生活。萨特说，波德莱尔的原始谋划将被大写的他者凝视所征服。一旦这个选择被假定，它就作为一条具有把波德莱尔生活的相异性材料统一起来的力量的线索起作用：他的纨绔、他的灵性、他的性经验、他对人造之物的狂热、他对自然的恐惧，当然还有他的诗作。该研究不充分的地方在于它没有充分地解释那个时代的客观精神：许多波德莱尔的同代人都有同样的特征。由于同样的原因，这个研究也许也错过了诗人在这种生存状况下完成的伟业：只有他，不像他的同代人那样，他把这些既定的状况转化成了19世纪最伟大的诗歌。诗歌形式的技巧性把握在萨特的研究中趋于消失，消失在只把诗歌作为征候的视野中。

波伏娃在她的回忆录中说到《现代》杂志创立的背后动力是"给战后法国提供一种意识形态"，其含义是说已然建立的党派和已经存在的左和右的意识形态都已经破产了。自1945年以来，法国就被社会主义者（SFIO）、戴高乐主义者（MRP）和共产主义者的一种"解放联盟"所统治。一旦解放的狂欢褪去，裂隙就开始出现，玩家们迅速求助于意识形态范型。到1947年，无论曾经存在过多么脆弱的统一现在都正在迅速地瓦解。1946年1月当戴高乐面对议会尝试加强行政权力被社会主义者和共产主义者断然拒绝时，他离开了政府。1947年5月，是共产主义者的转折点，因为他们反对马歇尔计划，他们被社会主义者拉马迪埃（Ramadier）所排斥。这是"冷战"的开始。随着16个欧洲国家拥护马歇尔主义，以及苏联和追随它的国家拒绝马歇尔主义，世界很快围绕着美帝国主义和苏联共产主义双方两极化。萨特在欧洲首选的立场是一种批判性的中立性立场——第三条道路的政治（troisième voie）。

在《什么是文学?》中，萨特力劝作家去支持新兴的大众媒体以使得他们的信息传播到最广泛的可能的听众中。1947年10月，他刚好有一个机会去做这件事情，那就是拉马迪埃政府被（萨特的一个老朋友）劝说给《现代》杂志在国家广播上设一个定期的插播：来自杂志的团队每周都会讨论政治现状的热点问题。这个系列节目的第一次是1947年

第三章 声名的代价

10月20日的现场直播。喧声震耳欲聋:参与者发起了对戴高乐的猛烈攻击,把他(通过对其胡子的转喻)比作贝当和希特勒!尽管引起了流言蜚语,但是这个节目一直持续到11月,此时支持它们的政府自己垮台了。

但是,虽然国家广播的大门被关闭了,其他的大门被打开了——这扇门通向了萨特第一次也是唯一的一次对第三条道路政治进行实践的试验。在迅速恶化的国际形势下,萨特欣然签署了两个由一小撮左翼记者发起的"国际舆论请愿书"。内容非常清晰:拒绝站在正在发生的"冷战"一边,希望创立一种作为"第三条道路"的独立的、社会主义的欧洲。这次请愿的两个策动者乔治·阿尔特曼(Georges Altman)和达维德·鲁塞(David Rousset)联系萨特,让他参加一个新的且将积极地追随这种"第三条道路"的政治运动。他接受了并从1947年开始共同领导了这场运动。民主革命者联盟(Rassemblement Démocratique Révolutionnaire, RDR),正如它的名字所示,并非政党而是所有左派的一种联合、一场运动,这些左派不满意已经建立的党派(主要是共产主义者和社会主义者)对国际危机的回应:理论上讲,"追随"民主革命者联盟同时还继续是其他党派的成员是可能的。关于民主革命者联盟已经有很多人写过文章,萨特的加入也许很不值,因为到1949年民主革命者联盟自己内爆时,它只有2000个已付款的成员。这是萨特的一次也是唯一一次"实际的"政治组织经历,但它并不是一次令人高兴的经历。他对民主革命者联盟的日渐不满主要由于他对他的合作领导者们的怀疑,他们正在被无可阻挡地吸收进美国影响的范围——不只是在金钱的层面。他可能是对的,但是,尽管如此,你还是会在某种意义上被那些他在民主革命者联盟的实际工作中不够热心投入的批评所震惊,这就像在社会主义和自由联盟时期他那些笨拙的实际行动一样。达维德·鲁塞后来评述道:"他对思想的游戏和运动有着最热切的兴趣,但是他对事件只有相当少的好奇心,他对世界则没有充满激情的兴趣……是的,就是这样,基本上可以说萨特生活在一个气泡中。"[1]

萨特离开民主革命者联盟并不高调,而是低调的,他更喜欢渐渐地变得不可见。就在1949年民主革命者联盟的夏季大会之前,他离开法国和多萝丽斯去访问中美洲和加勒比。又一次,知识分子的沉思和具体的战斗性之间的鸿沟在

---

[1] 转引自 Annie Cohen-Solal, *Satre, une vie* 1905—1980 (Paris, 1985), p. 406。

第三章 声名的代价

他的脚下裂开。

类似的对立（理想主义与现实主义之间）是《脏手》这部始于1948年初萨特加入民主革命者联盟的蜜月期的戏剧的核心。

《脏手》是萨特获得最持久成功的一部戏剧。它的情节结构——用了中间闪回和许多的戏剧性逆转——使它很难被以线性的方式概述。以第二次世界大战即将结束时一个虚构的东欧国家为背景，它的中心人物是雨果（Hugo），一个年轻的资产阶级知识分子，他已经离开了他的阶级加入了"无产阶级政党"。不能忍受为党报写作这种虚假的行动，他要求被委以"直接的行动"。他被赋予赢得一位党的领导者（贺德雷，Hoederer）的信任并且暗杀他的任务，贺德雷打算把这个党引导到和法西斯主义摄政者（他统治着国家）、社会民主反对党（他们是最强大、装备最好的抵抗运动团体）组建一个政治实用主义联盟的道路上。贺雷德和那些要暗杀他的同志们都是在暗地里作业，这一切随着和莫斯科的交流被打破：他们因此必须"发明"其他的方法。雨果和他要去刺杀的人的关系，在一个长长的中间闪回中被叙述。尽管在两场辩论中，雨果相当幼稚的理想主义与贺德雷的头脑冷静的实用主义相对立，但也许是作为对他自己受人轻视的父亲的正面替代者，雨果还是发现他被这位年长的人所吸引。像哈姆雷特一样，他犹豫不决，很可能正处在要放弃他的谋杀计划中，但就在这个时候机会来了：雨果没有打招呼就进了贺德雷的办公室，发现他的妻子杰茜卡（Jessica）正在这位长者的怀抱中。他扣动了扳机。这部剧的结尾回到了它开始时的现场。因要承担这个"冲动犯罪"罪名而参加了一个简短审判的雨果，刚刚从监狱中被释放出来，现在他正藏身于以前的一个情人，也是党的成员奥尔加（Olga）的房子里；外面是党的被命令去"清理"他的杀手。奥尔加要求雨果说明贺德雷被杀的情况以便她可以判断是否他可以被党"重新挽救"。但是现在他无法把握他行为的意义了。他如何能使个人摆脱于政治？他杀人是出于嫉妒还是因为贺德雷是党和党的理念的叛徒？这里出现了戏剧的突变（coup de théâtre），整个戏剧正是建立在这一点上：当雨果坐牢时，和莫斯科的交流被重新建立，来自高层的命令恰恰是追寻贺德雷曾经尝试的实用主义的妥协政治。所以现在他的死亡和杀死他的人变得特别尴尬：唯一"可以被接受"的历史版本是他的死是一种冲动犯罪的结果。听到这一点，雨果拒绝使他的行动的意义被党的谎言机器所决定，同时他相信他正在一劳永逸地把贺德雷的死定

第三章 声名的代价

义为一场政治谋杀——所以他打开了门,让自己身处杀手们的枪林弹雨中。他当然错了:历史是被胜利者书写的,随着雨果的离世,党将以它乐见的方式创作贺德雷死亡的版本。

这个简单的概括只不过让我们略读了一部实际上复杂和暧昧模糊的戏剧的表面。事实上,在这部剧中没有人是全对或者全错的:雨果和贺德雷在不同的时刻各有对错。如果贺德雷对他事业的承诺是如此的不可动摇,那么为了短暂的性满足而损害他的工作——他所说的他的生活取决于此的工作——就是毫无良知的不负责任;另一方面,雨果通过令人震惊的自杀并没有挽救任何事情和任何人:他的行为的意义永远地从他手里被剥夺了。围绕着真相和谎言的情状的辩论在革命行动的语境中也变得无解了。

但是剧场外关于意义的斗争还在继续:经历了一阵犹豫后,资产阶级媒体热情地向这部剧致敬,这一切足以促使法国共产党和它的新闻机构谴责这部剧是"反共产主义的"。尽管萨特对共产党没有那么热情(共产党那时候仍在对萨特的朋友保罗·尼藏的生命意义做他们自己的斯大林主义的重写),他还是拒绝把他的剧作当作一个反共产主义的武器。他后来禁止了所有的未来演出——除非当事国他们明确地祝福共产党。所有这一切都使萨特深刻认识到那个谚语的真理性:"当一个人扔了一根棍子时,谁能告诉他它将落在哪里?"或者,正如他在《伦理学笔记》中所说,"未来的空间充满无知、冒险、不确定性和赌注"[1]。

《自由之路》的第三卷于1949年出版,它没有获得四年前前两卷那样的公众和评论家的好评,尽管如此,可以说第三卷是三部曲中最成功的。像之前一样,这部作品的主要部分还是关于马蒂厄·德拉吕的,它重述了1940年5月到6月的大解冻。实际上,曾经计划好的三部曲现在扩展成了四部曲;第四卷准备讲述马蒂厄在战俘集中营被囚禁的生活、他的逃跑和他最终在盖世太保的折磨下,作为一个反抗斗士而死亡。不过只有片段被写下来,这部小说像萨特的很多计划一样最后没有完成。对此可能有很多理由可以解释,但最简单的原因是萨特可能不知道怎样表达那位于"自由之路"之终点的"自由承诺"。在反对纳粹的战争的摩尼教善恶二宗论语境中,好与坏清楚得就像黑与白;在1949年及民主革命者联盟失败以后的欧洲,一切都笼罩在不健康的灰色的阴影下。

---

[1] Jean-Paul Sartre, *Cahiers pour une morale* (Paris, 1983), p. 483.

第三章　声名的代价

这十年我们可以看到萨特从相对无名到文学明星最后以身处边缘被遗忘结束。当1950年朝鲜战争爆发时——"冷战"的温度上升了好几度——萨特发现自己置身于政治和哲学上的真空地带。正如我们将看到的，救赎将以最不可能的方式到来。

第四章 真实的震惊

民主革命者联盟的崩塌是一个公开的失败，但是伴随它的是一种对于萨特的同时代人来说还十分不可见的不同秩序的失败。1947年到1948年，他写了上百页的伦理学讨论，这种伦理书写是对《存在与虚无》的延续。问题是怎样从在那本著作中所定义的本体论自由过渡到一种介入集体行动的自由。虽然他的知识武器库通过吸收亚历山大·科耶夫（Alexandre Kojève）的非常有影响力的《黑格尔导读》（*Introduction à la lecture de Hegel*）而变得丰富，但他还是很明确地感觉到他缺乏走得更远的"工具"，或者说他所拥有的工具谴责他写的只不过是"一种一个作家写给其他作家的伦理学"。所以1949年到1950年，他实际上什么都没有写，而是开始投入到更深的研究中：历史——特别是19世纪法国的历史——经济学，重读马克思。的确，至少在**可见的**文学产品方面，从1949年到1959年这十年是一个相对欠收的时期:四部戏剧中有一部是改写的,完全放弃了小说形式。大部分这个时期的出版物——除了那个明显的例外,即1952年为《让·热内全集》(*Oeuvres complètes de Jean Genet*)所写的长篇序言——都是政治的。虽然他从不干预《现代》杂志的编辑方针,但是那本杂志的目录页很精准地反映了萨特自己所关注的东西的变化:关于文学的文章和概括地说关于政治的文章之间的平衡持续地偏向后者,以至于在1945年10月至1951年2月之间文学占35%,政治占26%,然而到1963年时,这个比例颠倒了过来。[1]

考虑到这场试验的短暂性,民主革命者联盟的失败对萨特的影响超过有人或许认为的程度。波伏娃曾引用萨特没有出版的笔记说:"民主革命者联盟的分崩离析。一个打击。一场新的重大的现实主义教育。一个人没有**创造**一种运动。"[2] 为了理解这一点,我们首先必须理解民主革命者联盟在个人机会的意义上对萨特而言代表着什么。首先,它代表了解决他自己矛盾的可能性。这些矛盾首先涉及他"一

---

[1] For an excellent history of *Les Temps modernes*, see Howard Davies, *Sartre and 'Les Temps Modernes'* (Cambridge, 1987), from which these statistics are taken.

[2] Simone de Beauvoir, *La Force des choses,* Ⅰ (Paris, 1963), p. 247.

第四章 真实的震惊

只脚站在资产阶级的营垒中,一只脚站在无产阶级的营垒中"的不安的位置。他身为一个资产阶级,他实践着最资产阶级的职业,但是他放弃了那个阶级和它所有的工作:认定唯一的伦理立场将是无条件地站在被压迫者一边,认为工人是资本主义压迫的受害者,他**必须**与人民大众在一起。但是人民大众——他们一直被法国共产党所代表——不想和他在一起。法国共产党的敌意催生了又一种矛盾——一种在第一个矛盾基础上的存在主义的变体。正如波伏娃所说,萨特成为仇恨的对象,这使得对他来说要保持一份"良知"(good conscience)日益变得困难:"他人的仇恨向我揭示了我的客体性。"[1] 这意味着他无法在他与工人团结一致的**主观**认定中得到来自**外界**评判的庇护。确实,他发现他自己处于个体的精神分裂状态,他的每一个私人想法都由焦虑相随:"如果某人知道,他会说什么?"但是谁是"某人"?不是所有的人民大众都像法国共产党的思想家一样。有趣的是,萨特说道:"从1947年开始,我有一个双重参考点(a double point of reference):我判断我的原则,也参照他人——那些马克

---

[1] *La Force des choses*, Ⅰ, p. 208.

思主义者——的原则加以判断。"[1]法国共产党——只要他能劝说他自己相信他是活的马克思主义的具体表达——变成了萨特的超我。据此，我们会发现萨特着手历史、经济和马克思作品的深入研究的意图并非为了调和各种矛盾原则，也就是说，学习他的新"超我"是如何运作的——以更好地去除它的权力。毕竟，这个时期研究的高潮是一本证明了法国共产党是僵死的、僵化的马克思主义的垂死化身的著作：如果后者想重新复活，它就需要被注入一种令人振奋的否定性、主体性和超越性：萨特的存在主义……的主要原则。简要地说，民主革命者联盟已经给萨特提供了一个通过集体的政治行动，尝试再度加入到人民群众中同时又避免党员关系束缚的解决他的矛盾的机会。

"怪物"（monster）形象开始出现在萨特著作中大致是在1947年左右。在《黑人奥菲尔》中，这个术语被应用于**买办**（compradores）——那些奇怪的、混血的，在他们被压迫的兄弟和他们侍奉的殖民主之间的部分被同化的中间人。它也被用于描述讲法语的黑人作家，他们同样陷入本地语言（那种没有人读，经常因为它没有书面形式）和殖民压迫者

---

[1] *La Force des choses*, I, p. 208.

第四章　真实的震惊

的语言之间。毫无疑问，萨特想到了一只怪物，例如人身牛头怪物或者人首马身怪物，在这些怪物身上，人似乎在从野兽进化到人的中间被冻住了。但是他用这个术语也是为了它的语源学意义：monstrare 在拉丁语中的意思是表演或炫耀。怪物之所以是怪物是因为在他的主体性和他被他者凝视而客观地形塑自己的方式之间有差异。这个隐喻将在未来的15年中在萨特的思想中变得非常活跃，为他提供了进入一系列不同生活的支点。直到20世纪60年代中期的时候他才意识到怪物性正是对人类生存状况的描述。

但是我们现在再次回到1950年，萨特至少已经消除了他生活中的一个矛盾：六月他结束了与多萝丽斯·瓦尼蒂五年的关系，尽管，或者也许因为她现在已经搬回法国的缘故。其他方面，和共产主义者的关系也到了新的低点。萨特与民主革命者联盟的依附关系激起了新的个人攻击。1949年波伏娃的《第二性》出版——现代女权主义运动的重要著作——受到了新闻界的敌视，可以预想的是来自天主教资产阶级右派的敌视，但是，更令人意想不到的是来自共产主义者的敌视。萨特以前的学生让·卡纳帕（Jean Kanapa）现在是民主革命者联盟的雇佣文人，似乎已经上升为主要的施虐者。"事情不可能变得更糟糕"，波伏娃在她的回忆录中写道。但是事情可能并且确实变得更糟糕了。非共产主义左翼知识分子发现他们自己处于一种典型的进退两难的处境："处在绝对没有第三条道路的两种集团之间。而且要在他们中间做出选择仍旧是不可能的。"[1] 美国似乎要坚决支持世界上每一个专制政权；欧洲法西斯主义失败后才五年，美国国务院现在就给予法国南边国境的佛朗哥法西斯政权以财政支持。在这种消沉的背景下，苏联劳改营的消息破壳而出。实际上，"劳改营"的存在及其"行政拘留"（例如任意的逮捕和监禁）的存在自1936年就已经暴露在公共领域了，但是只要纳粹主义造成更大的威胁，它就被合宜地"忽略了"。但是现在"苏联劳改犯的代码"在英国被重新发布，而且被在联合国公开地讨论。然而，在法国它仍旧没有成为公众的知识。萨特决定在《现代》杂志上刊出这份代码，但是右翼媒体界因此攻击他，并发动了一场巨大的反苏联运动。似乎劳工营的**事实**是不充分的，报纸刊出的那些声称是苏联"死亡列车"的照片被证明是纳粹党的开往奥斯威辛的运牛卡车的照片所篡改的。尽管如此，1951年1月，《现代》杂志刊出了萨特和梅洛-庞蒂编辑的文件："当二十个人中有一个

---

[1] *La Force des choses*, I, p. 275.

第四章　真实的震惊

人还在劳工营的话就不存在社会主义。"毫不奇怪，这对于平息法国共产党的敌意没有什么意义。

1950年的一篇文章尤其概述了萨特的困境和矛盾：给罗歇·斯特凡纳（Roger Stéphane）的《冒险家的肖像》（*Portrait de l'aventurier*）所写的序言。对斯特凡纳而言，正如萨特所解释的，冒险家本质上是资产阶级个人主义者，与他的同伴们相脱离，特别是与人民大众相脱离："如果大写的自我先行，那么这个人永远是离群索居的。在资产阶级中，自我在很早的年龄就出生了……成为某人自己首先而且最重要的不是像他的邻居；而是成为一个'一次性的人'……资产阶级文明就是一种'**孤独的文明**'。"[1] 冒险家也许会加入一个党派或者把他的天赋用于服务解放运动（那本书讨论了T. E. 劳伦斯 [T.E. Lawrence] 和其他人），但是他的承诺，总体来说，将永远是一种姿态。而另一方面，激进分子（或者"普通的共产党员"）被饥饿、恐惧和愤怒驱使而加入党派：他的承诺是缺乏反思的。他不知道在他走向人民大众中和人民大众走向他时的孤独："他在自己的眼中被严谨的客观事实所构建，他被他的阶级、被历史的事态所解释；他从内部看到的

---

[1]　Roger Stéphane, *Portrait de l'aventurier* (Paris, 1965), p. 13.

自己，正如他被从外部所看到的一样：没有秘密的剧情或者隐藏的间隔。"[1] 激进分子的行为，本质而言是不重要的：它就只是一个达到目的的方式；但是这个目的与冒险家无关，它只是方式（行为）的借口。

在《脏手》中雨果和党的激进分子的对立在这种双重画面中变得清晰易读。萨特不断重复地告诉采访者在那部剧中他自己的同情是在激进分子一边，而不是资产阶级的"冒险家"一边。鉴于此，他的序言的结论是出人意料的。在自始至终赞扬了激进分子表面的"真诚性"后，萨特总结道："然而，在称赞了激进分子的胜利后，我将追随的正是孤独中的冒险家"[2]，这是因为冒险家在全力对抗人类境况的根本性悖论："因为不可能，所以人**存在**。"[3] 激进分子的教谕（discipline）需要被"人性化"："当然我知道任何行为都是双面的：否定性……和建设性。我们必须还原其教谕的否定性、思虑（inquiétude）和反思性的自我批评。"[4]

在这篇序言中萨特为行动问题调制了一个修辞学的解决

---

[1] *Portrait de l'aventurier*, p. 12.

[2] Ibid., p. 30.

[3] Ibid., p. 31.

[4] Ibid., p. 33.

第四章 真实的震惊

方案,但是真正的困境远不只是一种形式的言语:"矛盾并不存在于思想里。它在我的存在中。因为这种**我存在**的自由暗含了所有的自由。然而,一切都不是自由的。在没有打破压力的情况下,我不可能让自己服从所有的教谕。我不可能独自自由。"[1] 这种僵局和绝境正是萨特下一部剧的核心,这部剧即 1951 年 6 月首演的《魔鬼与上帝》(*Le Diable et le Bon Dieu*)。

这部剧参演者很多,尽管有皮埃尔·布拉瑟(Pierre Brasseur)卓越的重量级表演,但这并不意味着充分必然的成功。它被认为太冗长了,差不多四小时,它当然绷紧了观众的注意力。当预演开始的时候这部剧的结尾依然是不成文的;制作人西蒙娜·贝里奥(Simone Berriau)带着沮丧的情绪看着每一个厚厚的、手写的场景的到来:萨特说她大步地绕着剧场来回走动,用她的手指做着无意识的剪刀运动!尽管如此,这部剧现在被认为是萨特最伟大的剧场成就之一。该剧的背景是 16 世纪德国的农民起义,它的对话充斥着那个时代哲学-神学论争的语言(又一次激起了天主教的愤怒)。但是,它真正的主题离萨特 1951 年的核心再近不过

---

[1] *La Force des choses*, pp. 333-334.

了。继续了《脏手》和给斯特凡纳的书所作的序，他回到了激进分子和冒险家这对主题上。

主人公（格茨，Goetz）渴望绝对性。他首先通过作恶来尽力满足这种欲望。当他得知在一个暴行已经变成常规的时代，作恶算不上一种重大成就时，他突然"转向"行善，放弃他的土地、解散他的武装并且建立了一种被和平、爱以及平等所统治的嬉皮社区（hippy commune）在16世纪的相似物。但是，无论他**尽力**去行善或者作恶，结果都一样：他的行为的作用只是强化了已有的权力，使已富的人更富。这部剧的关键点不在于预先的精心设计使他意识到天是空的，人是孤独和自由的（俄瑞斯忒斯早在1943年已经知道了这一点），而在于他意识到纳斯蒂（Nasty）（剧中的"激进分子"形象）也和他一样孤独的时刻。在知道是徒劳无用的情况下接受农民军的命令时，格茨把冒险家存在主义的孤独与批判的否定性和激进分子不可动摇的信念融合在一起。在被严重误解的情形下，他煽动"统治者"残酷地杀害了一个拒绝顺从他的首领。格茨的底线是非常标准的萨特式的情节剧："不要害怕。"他对纳斯蒂说：

> 我不会垮。我要使他们恨我，因为我没有别的方法

第四章　真实的震惊

来爱他们；我将给他们下命令，因为我没有别的方法来服从他们；我将一个人头顶着上面这一无所有的天空，因为我没有别的方法可以和大家待在一起。既然有这场战争要打，我就来打这场战争。[1]

这部剧最值得注意的主题之一是它的主角所采取的每一个行动都反弹回他自身，因而产生了事与愿违的效果。在《脏手》中雨果行动的意义已经被他人从他自身中盗走，但是这次萨特走得更远。当萨特相信**任何一种境遇都能被真正的个人的绝对意志所超越并最终改变**时，我们离占领和解放的乐观主义还有很遥远的距离。波伏娃十分简洁地总结了这个距离："1944 年他认为任何一种境遇都能被一种主体的行动所超越；现在，1951 年，他认识到各种境况有时候截获了我们的超越性；为了对抗它们，没有一种个人的拯救是可能的，只有集体的斗争才是可能的。"[2]

毫无疑问，萨特连续的"在现实中的教训"已经成为把他带入这种现实的工具；但是在《魔鬼与上帝》的结尾，

---

[1] Jean-Paul Sartre, *Le Diable et le bon Dieu* (Paris, 1951), pp. 251—252.

[2] *La Force des choses*, p. 333.

皮埃尔·布拉瑟用来刺死那个反抗的首领的那把刀有一个伸缩自如的刀刃；在生活中，它是真正的钢铁刺穿了真正的血肉。这一次，萨特对实践介入的问题提出了一种美学的解决方案。这个事实很难不被注意：在一次采访中，他说出了那句广为流传的话："我让格茨做了我自己做不到的事情。"[1]这种想象提供了一个所有的矛盾都能被解决的空间。但是现实是一个不怎么令人感到舒适的居住场所。在放下这部剧之前，怪物形象的再次出现不足为奇。这次怪物以"杂种"的形式出现，但是其本质的特征（杂种性、精神错乱、自我憎恨）都出现了，而且在格茨和另一个"杂种"海因里希（Heinrich）的交流中变得清晰可见："杂种当然要叛变的：你希望他们干什么呢？我，我从一出生就是个两面派：我的母亲委身于一个乡巴佬，我这个人是由两个拼凑不到一起的两半组成的。"[2]

杂种和背叛毫无疑问也是萨特20世纪50年代主要著作的突出主题。巴黎解放前不久，萨特会见了让·热内、让·科克托（Jean Cocteau）以及其他人一起，他帮助热内获

---

[1] *La Force des choses*, p. 333.

[2] *Le Diable et le bon Dieu*, p. 57. English translates both 'salaud' and 'bâtard' as 'bastard', but we are dealing here with the *literal* bastard.

第四章 真实的震惊

得了临时总统的特赦,热内当时因累犯而正面临着要被终生监禁的困境。萨特对热内的钦佩和对其著作的熟悉致使伽利玛建议他为该出版社计划出版的热内全集写一个序言。当这个序言(作为《让·热内全集》的第一卷)最终被出版时,它达到了578页!比起之前对波德莱尔的研究,这是一部更加复杂的著作,但是目的仍是相似的:"展示精神分析解读和马克思主义解释的限度,证明自由本身能解释一个人的全面性,说明这种自由正在对抗宿命。"[1] 在萨特看来,热内的自由,早在当他还是一个孩子而且不能用相对性的视角看待集体性的压倒性判断时,就被一种强加给他的语言暴力行为疏离于他自身了。因偷窃行为被他的寄养家庭抓住,热内被一个"令人眩晕的单词"牢牢锁住:贼!这个单词既是行为举止又是凝视:"从性方面来说,热内首先且最重要的是一个被强暴的孩子。第一次强暴是让他吃惊、刺入他骨髓并且永远地将他变成一个客体的大写的他者的凝视。"[2] 热内的存在自此以后就是试图去**成为**制造了他的他者们的客体。当这一切可能听起来像恶意时,萨特事实上正在描述一种终生的

---

[1] Jean-Paul Sartre, *Saint Genet, comédien et martyr* (Paris, 1952), p. 536.
[2] Ibid., p. 81.

克服异化的过程，借此热内重新夺回了被疏离开他的自由，并且将之重新给予那些使他碎片化的一切。由于《圣·热内：戏子和殉道者》(*Saint Genet, comédien et martyr*)也是对把这个孩子用作替罪羊的资产阶级——正义之士（Justes），正确的人们（gens de bien）——的致命批评：在这个边缘图中，他们内部的大写的恶被驱除，被**外在**化。萨特说到，他们抓住了一个孩子，因为社会效用和社会工具的原因把他变成一个露天广场的小丑（monstre）。热内的解放采取了一种反除魔或者说精神发泄的形式——通过写作——原初的占有关系被颠倒，资产阶级读者发现他们自己被他们自身的否定性所感染。

萨特研究的视界使之前的读者迷失了方向：它用在那时非常新的一种方式模糊了文学批评、哲学、精神分析、社会学和人类学之间的学科界限。为此，他的主体是精心挑选出来的：热内在边缘这个术语的所有意义上都是边缘的（一个贼、一个同性恋者、一个诗人……），而且萨特的分析，在强调边缘性在社会凝聚力的结构中具有重要意义方面，与当代人类学的思考产生了共鸣。

就在《魔鬼与上帝》首次公演的那一天，萨特在一个访谈中说："目前，就我所知而言共产党代表了无产阶级，而且我不认为这一点会在不远的将来有所改变。"[1] 但是这并不是仅有的通向被法国共产党所控制的法国工人阶级的路径：就在前一年，萨特和波伏娃旅行到北非和撒哈拉以南的非洲，试图与非洲民主革命（Révolution Démocratique Africaine，RDA）斗士们取得联系，但是他们被非洲革命者断然拒绝，因为法国共产党已经提前通知这些革命者萨特和波伏娃是叛徒和间谍！尽管如此，首先迈向关系修复的还是共产党人。1951年底，法国共产党的代表们请求萨特在所谓的亨利·马丁（Henri Martin）事件中施以援手。亨利·马丁是一名法国海军军官；他也是一名共产党员。他因抗议法国介入印度支那（这是后来演变成越南战争事件的最初兆头）而被军事法庭审判，判处五年监禁。法国共产党为了解救他而发动了一场运动。萨特同意支持这场运动，他和共产党人的紧张关系开始有所缓和。后来在1952年，萨特甚至更加走近了他的敌手们。那年春，他正在意大利休假，正好追踪了媒体揭露的越来越肮脏的朝鲜战争。他也获知法国共产党已经组织了群众游行，以抗议指挥美军在朝鲜作战的美国将军李奇微（Ridgway）对巴黎的造访。警察禁止游行，但是

---

[1] *Paris-Presse l'Intransigeant*, 7 June 1951.

游行还是进行了,这导致了抗议者与警察之间暴力的巷战。游行的那天晚上,共产党的代理书记雅克·杜克洛(Jacques Duclos)与妻子正在开车回家的路上被警察拦住。他们发现了他们所需要的在他的汽车行李箱里的信鸽。这些鸟——实际上注定是杜克洛的宠物——很明显成为反对国家的阴谋的证据:杜克洛被逮捕并且最终将被关进监狱一年。当萨特读到这一切时,他缩短了他的假期,立即返回巴黎,"怒不可遏"地说,"我必须写"——他稍后会解释——"如果我不写,我就会爆炸"[1]。作为这件事情结果的文本——《共产主义者与和平》("Les Communistes et la Paix")——是他最富激情的文本之一。文中,他支持抗议的权利,他为(以政治动机而)诉诸的暴力辩护,其基本观点在于这种暴力实际上是压迫者(国家政府)对被压迫者所施行的持续暴力的产物和反作用。自此以后,他将经常用到这种论辩方式——最众所周知的是在1961年给弗朗兹·法农(Frantz Fanon)的《全世界受苦的人》(*Les Damnés de la terre*)所写的序。

然而,谁都会对萨特为那个过去十年都在侮辱、诋毁和造谣中伤他的党辩护时所投入的热情而感到惊讶。这里的解

---

[1] *La Force des choses* Ⅰ, p. 359.

第四章 真实的震惊

释可能既是政治的也是精神的。在共产党人对警察禁令的反抗中,他们已经展示出他们对资产阶级的合法性的蔑视;不管怎么说,自从他们反对马歇尔计划以来,他们已经外在于民主的进程。其他方面,众议院非美活动调查委员会(House Un-American Activities Committee)正处在全然的愤怒和抗议中(1953年罗森堡[Rosenbergs]夫妇被执行死刑将是最好的时机),苏维埃集中营1950年的暴露进一步加强了法国共产党严阵以待的立场。所有这些因素使萨特作为新的受难者而抛却了昔日的欺凌。即使如此,《共产主义者与和平》给人印象最深的还是对资产阶级暴力的攻击,而不是它对共产党人的激情辩护。萨特后来回忆道:"我发誓对资产阶级的仇恨将伴我到坟墓。"[1]这两种元素——对被压迫者的支持和对资产阶级无条件的仇恨——当然没什么新鲜的:对资产阶级的仇恨渗透在《恶心》的每一页,自1944年以来,萨特的同情心就本能地在被压迫者一边了:黑人、犹太人、工人、被殖民的人等。但是从1952年开始,这种本能的倾向呈现出一种系统化的面相。在其所采取的政治立场上,萨特有时候被评论者们指责不一致,甚至不连贯,但是其根

---

[1] *La Force des choses* Ⅰ, p. 359.

本的体系是完全一致的,我们可以很粗浅地将之陈述为:无论什么样的斗争,他都站在被压迫者一边。这使这位知识分子在确知了他的行为的伦理合法性的情况下放心地去行动。这种萨特曾经没有**写下来**的伦理现在变成了一种实践的伦理。

压迫者和被压迫者之间的对抗,可以被看作最表面的多样性的政治立场的基础;因此,他将支持反抗苏联坦克的匈牙利人和捷克人,支持反抗美国的古巴人,支持反抗法国人的阿尔及利亚人,支持反抗以色列人的巴勒斯坦人,支持反抗他们领地的侵略者的以色列人,支持反抗他们的教授的学生,支持反抗精神分析师的病人,支持反抗法国政府的毛主义者;实际上,他支持对抗资产阶级政府的**任何人**。

或者至少从 1956 年起他将如此。1952 年至 1956 年间,萨特是一位法国共产党的"批判性同行者"。那些年里他不允许自己说一句会被认为是反共产主义的话或者是做一件会被认为是反共产主义的事。这个时期他所做的大部分事情和他所说的大部分话都是不经过大脑的,但是无论如何,这在"冷战"的语境中都是可以被理解的。(认为这个时期萨特是"斯大林主义"的评论家也许会关心年轻的米歇尔·福柯

第四章 真实的震惊

[Michel Foucault] 选择在 1950 年成为党的正式成员这件事。）萨特最公开的展示与共产党人一致的事件是 1952 年出席维也纳世界和平大会（Vienna Peace Congress）——该会议由世界和平运动召集，但主要由共产党人指挥。正是在维也纳他出面阻止了《脏手》的上演，以免这部剧被用作反共产主义的宣传。他为他自己成为一场群众运动的一部分而真正感到愉悦，这份愉悦并没有遮蔽这个事实，即他是被操控的——这不是第一次，当然也不是最后一次。他的感受也没有遮蔽他与新同志们关系的表面性："我正在与只把党员当同志的人们打交道，正在与把我当作一个临时的同行者的人们打交道，正在与已经在期待那个时刻，即我将退出战斗并且被右派的力量召回的时刻的人打交道。"[1] 新"朋友"很难补偿老朋友的损失：当萨特反常地走近共产党人时，其他人都一起走向其他的方向。很多重要的人离开了《现代》杂志——尤其是梅洛-庞蒂，还发生了一次非常公开的争吵。

随着几次分裂和整个 20 世纪 40 年代的冷漠，萨特和加缪也许也不再有最亲密的友谊。1951 年曾有过一段短暂的和

---

[1] Jean-Paul Sartre, Philippe Gavi, Pierre Victor, *On a raison de se révolter* (Paris, 1974), p. 33.

解（rapprochement），但是一年以后突然又开始了纷争。1951年秋，加缪已经出版了《反抗者》(*L'Homme révolté*) ——一本把他坚定地置于反共阵营的书，这本书宣扬用"道德的反抗"代替革命，同时谴责任何诉诸暴力而追求社会正义的行为。萨特和他的《现代》杂志的同事认为这本书是反动的和论证不充分的。萨特想最好不要评论它，这多半是出于对加缪其人还残留的尊重。整整六个月，这种沉默一直在持续；最后《现代》杂志的沉默比评论变得更意味深长——无论这个评论将会是多么否定性的。萨特的合作者之一，弗朗西斯·让松（Francis Jeanson）于1952年5月勇敢地回应此书，发表了一篇对加缪的著作很不满的评论。加缪非常傲慢地回击了——不是针对让松，而是他的顶头上司"《现代》杂志的主编先生"。最终，萨特被迫拿起他的笔，这产生了毁灭性的效果。他的回应和来自让松的甚至更加苛责的回应，一起被不祥地命名为"绝对坦白地讲……"（"Pour tout vous dire……"），这份回应完成了一种等同于文字谋杀的事情。两个以前的朋友再没有见过面也没有说过话。然而，当加缪1960年死于车祸时，萨特写了一个短短的却感人的敬辞给他。如果说所谓的两个人之间的笔仗（Querelle）甚至到现在都继续吸引着评论者们的兴趣的

第四章 真实的震惊

话[1]，一定程度上是因为他们的立场（支持/反对共产主义）是具有典型意义的，但也是因为这场论争在极高的辩论和修辞学层面进行。不那么明显的是，这场论争也被意义重大的个人差异所激化。卢森堡公园的被宠坏的孩子和阿尔及尔（Algiers）街上的流浪儿使一系列相对的位置明晰化：资产阶级/工人阶级；大都市/殖民地；学术殿堂/"学校生活"；丑陋/英俊……毫无疑问萨特在这种对比中十分受挫：不管你喜欢与否，加缪出生的偶然事件给他一种萨特也许永远也不能期待实现的可靠性。最后，与萨特不一样，加缪曾经是一名共产党党员。

1954年萨特的新朋友邀请他——许多人中的第一个——对苏维埃社会主义共和国联盟（USSR）进行了为期不短的访问。他至少试图为历史的发展放置比他的扶手椅更多的东西。[2] 结果，这次访问差点儿搭上了他的性命。一个月之久的访问，他疯狂地在莫斯科、列宁格勒和中亚南部之间奔走——无论他走到哪里都是喝酒、吃饭、宴会和宣传。这趟

---

[1] Most recently, Ronald Aronson in *Camus and Sartre: The Story of a Friendship and the Quarrel that Ended It* (Chicago, 2004).

[2] Camus had famously quipped that Sartre and his friends had never done more than point their armchairs in the direction of history.

旅行，除了大量的极端保守分子被甚至更大量的伏特加酒代替之外，与他十年前去美国的那趟旅行没什么区别。过度工作、酒精和香烟产生了极大的副作用，他崩溃了，在一所苏联医院里躺了十天，并被当作高血压病人来对待。1954年6月当他返回的时候，他还是非常虚弱，但是单这件事并不能完全解释他回归后的赞颂之辞。一篇冠以非常时髦的标题的采访说道："批评的自由是苏维埃社会主义共和国联盟的全部，苏联人不停地在一个持续进步的社会内改善其状况。"这是1953年的苏联……在他生命快要结束的时候他在一个采访中极力声明："啊，是的，嗯，对的，在我1954年第一次去访问苏联后，我撒谎了。然而，'撒谎'一词也许太重了：我写了一篇文章……在其中，我说了些连我自己都不相信的关于苏联非常好的事情。"[1]

有趣的是真实和谎言是萨特在1952年至1959年间的仅有的两部文学作品的突出主题。这两部作品的主要人物都是专业的"说谎者"。萨特的《基恩》（*Kean*）——多少因为它"只"是一部对一本19世纪戏剧的改编作品而被批评家忽略了——可以被视作非常关键的检讨过去的作品。乍看起来，

---

[1] Jean-Paul Sartre, *Situations* X (Paris, 1976), p. 220.

第四章 真实的震惊

这部剧几乎与萨特当时外在的当务之急无关:它是在 1953 年首映的,那正是他和法国共产党"同行"的顶峰期。大仲马(Dumas)的原作处理的是它的主角的社会整合问题:演员埃德蒙·基恩(Edmund Kean)一方面处在他的卑微出身和声名狼藉的职业之间的社会困境中;另一方面,对于闪闪发光的王室世界,他的天赋和威尔士亲王的支持赋予他成功。他是非常符合萨特自己心意的一个人物:一个孤儿、一个杂种、一个里外不是人的人:一个叛徒。英国剧院的神圣的怪物(monstre sacré),他很显然也是萨特在怪物这个术语意义上的怪物。然而,这部剧挖掘了他的怪物性的不同侧面,因为他也是一个怪杰,一个对于有钱和有权的人来说非常有吸引力的广场表演者:"严肃的人们需要幻觉……那么他们干什么呢?他们找到一个孩子,他们把他变成一个视觉的幻象(trompe-l'oeil)。"[1]

从哲学上来说,这部剧受到了《存在与虚无》和甚至更早的著作例如《想象物》(*L'Imaginaire*)的启发。在后面这部作品中,萨特讨论了演员的悖论:在舞台上演员不能"使一个角色成为真实的";相反,他在这个角色中对自

---

[1] Jean-Paul Sartre, *Kean* (Paris, 1954), p. 79.

身进行了"去真实化",这个角色依次被观众的想象和信任(或者自愿终止怀疑)所支持和维护。他因而在本体论的意义上——**依存**于观众的友善。但是这种悖论在《存在与虚无》中被展示为一种普遍性的状况:如果我们什么都不**是**,那么,我们必须扮演成我们所是的存在。以后见之明的便利看,《基恩》可能是这个时期最"真实的"作品。这种鲜活的看起来真实的幻觉肖像多多少少是一种自我肖像,这种想法很难说是不对的:"我是一个假王子,一个假大臣,一个假将军。除此之外,我什么都不是。哦,是的,我忘了:一个民族的荣耀……我已经用二十年的时间来表演取悦你的**姿态**;你能理解我也许想**演戏**吗?"自1945年萨特开始变成一个著名人物以来,萨特再也没有离开过公众的视野。当他在20世纪50年代开始 "在世界舞台上表演"时,他必须开始思考他自己的真实位于何处。1952年至1956年间,当他有效地把他的身体和他伪装的外表借给共产党人时,区分公共领域和私人领域的问题甚至变得更加尖锐。大家可能都会注意到这一点,即1953年也是三项巨大事业的开始:自传(《词语》)、《辩证理性批判》(*Critique de la raison dialectique*)和福楼拜传记巨著 (《家庭的白痴》,*L'Idiot de la famille*)。这些著作代表的巨大的个人投入对于外面的世界是非常不可见的：例如，《白痴》问世差不多是二十年后的事情了。话又说回来，萨特总是能够意识到这种区分——既作为一种人类状况的无法逃避的需要，又作为一种作家的敏感性元素。

这个时期另一部戏剧是《涅克拉索夫》(Nekrassov)。它是对资产阶级大众媒体的一个非常粗鲁的讽刺，它选取一个骗得信任的骗子作为主要人物。一方面这部剧有非常清晰的日期（有20世纪50年代的《真理报》），同时，它的幻觉主题很清楚地把它联系到我们刚刚描述过的与《基恩》相关的当务之急上："骗子，像演员一样，有着专业的外表和专业的伪装。"[1]

与共产党的同行期像开始那么突然一样突然结束了。1956年秋，他再次到了罗马，就在这时他听说了苏联坦克血惺镇压了匈牙利十月事件一事。他的反应直接而典型：与被压迫者站在一边，他毫不客气地谴责苏联的侵略，并且以明确的方式宣布结束友好关系："我想说要改善和目前法国共产党负责人的关系，现在不可能，将来也绝不可能。每一个句子，每一个姿态都是三十年谎言和僵化的顶点。"[2]

---

[1] Interview in *Combat*, 7 June 1955.

[2] *L'Express*, 9 November 1956.

1955年西蒙娜·德·波伏娃和萨特在巴黎安托万剧院观看《涅克拉索夫》的排演

同行的那些年并不是都在充满香烟的房子里和挽着衬衣袖子的人们讨论拖拉机和联合收割机的事:萨特爱情生活的乱伦的复杂性也被进一步强化了。1955年他遇到了女演员兼激进分子埃弗利娜·雷伊(Evelyne Rey)。她是波伏娃的情人克劳德·朗兹曼(Claude Lanzmann)(他也是《现代》杂志编委会成员)的妹妹。他们直到雷伊1966年自杀一直保持着亲密关系。1956年,萨特开始了一段与一个18岁的学生——阿莱特·埃尔·克汉姆(Arlette El Kaïm)的友谊,这

第四章 真实的震惊

20世纪60年代萨特和阿莱特·埃尔·克汉姆

份友谊将持续24年之久。1965年他从法律的意义上收养了她,后来让她成为他的书稿继承人。他死后,她监管了大部分他重要的死后著作的出版。令人惊讶的也许是他区分他的爱情生活的方式和这个事实,即女性们如此地乐意接受这一切(当然,例外是多萝丽斯:他们分手的一个原因是她不想仅仅成为"萨特众多女人"中的另一个)。20世纪50年代他经常同时拥有多达五个的伴侣,每个分配有她们自己的时间和空间:"时间管理"的奇迹啊!偶尔她们也会相遇,正如在 1959 年,那时他特地为两个前情人,万达和埃弗利娜,写了具有两个女性角色的《阿尔托纳的死囚》(*Les Séquestrés d'Altona*)。

剩下的十年甚至更久,萨特让自己——这次是全心全意地——投入到了反殖民斗争中。1955 年后,他的名字实际上与阿尔及利亚独立的原因同义,这为他赢得了许多人的钦佩和尊重,也给他带来了其他人强烈的和可能非常凶残的敌意。阿尔及利亚民族独立运动于 1954 年底正式开始。可以预见的是,法国政府已经把民族解放阵线(Front de Libération Nationale,,FLN)的阿尔及利亚穆斯林游击队战士定性为"违法"和"犯罪"的少数派。但是很快,很多法国知识分子开始发表严谨的研究文章和新闻报道证明法国的殖民冒险在阿尔及利亚的道德破产和民族解放阵线兴起的正义性。这些文章——尤其是弗兰西斯·让松的《违法的阿尔及利亚》("L'Algérie hors la loi")——开始影响法国公众的舆论,但是法国伞兵所执行的残酷的镇压完全不把公众舆论当回事。1955 年,萨特加入了反对阿尔及利亚战争的知识分子行动委员会,而且在 1956 年初一次大型的公众集会上,他为动员做出了重大贡献。由于那些年有太多的公共演讲和

第四章 真实的震惊

采访，萨特有时候准备得没有那么完美，逻辑也不是那么严密，但是那天晚上他发表的演讲是一份有力的、论证严谨的、论据充分的对法属阿尔及利亚（L'Algérie française）的控诉书。在为斗争的和平结束而辩论的过程中，在承认阿尔及利亚独立时，他又回到了他在处理大写的自我和（殖民的）大写的他者关系时一直坚持的主题：殖民主义是一种体制，它给受害者带来多大程度的毁坏，也就是给作恶者带来几乎同样大的毁坏：殖民主义殖民了殖民者。这就意味着独立运动的斗争，反过来也是解放所有人的斗争，包括他们的压迫者。这种思维方式在1961年萨特给法农的我们之前提到的书所做的序中就产生了："我们欧洲人也正在被去殖民化：这意味着我们每个人身上的殖民主义正在被血腥的手术撕开。"[1] 到1957年，随着来自受到创伤的士兵和受害者的证言越来越多的出现，在阿尔及利亚酷刑的系统使用已经变成了非常紧要的问题。在这个问题上，萨特最果敢的媒体介入是1957年的一篇文章，他以《你们都是可敬的》（"Vous êtes formidables"）的为题对法国公众做了演讲。在这篇文章中，萨特对比了全民沾沾自喜地享受消费繁荣的早期利益

---

[1] Frantz Fanon, *Les damnés de la terre* (Paris, 2002), p. 31.

的"感觉不错"的氛围和以他们的名义在阿尔及利亚所犯的罪行的恐惧。1958年他又发表了一篇相似的充满激情和引起论争的文章,主题是关于亨利·阿莱格(Henri Alleg)的《问题》(*La Question*)的。在那本作品中,阿莱格描绘了一年前他所遭受的酷刑。文章的题目("一场胜利"[Une victoire])提到的是受害者的胜利,受害者不仅仅在痛苦折磨中幸存,而且叙述它,从而肯定了人性——然后从绝望和羞愧中拯救**我们所有人。**

1958年萨特差点儿谋杀了自己:他如此猛烈地工作以至于几乎要把自己提早写进坟墓。当他通宵达旦地工作为了完成《辩证理性批判》时,他还在写一部长剧和给约翰·休斯顿(John Huston)的大剧本的初稿。他还参与了很多与阿尔及利亚有关的公共介入活动。所有这一切以日益增加的酗酒、抽烟,尤其是苯丙胺为代价。从20世纪40年代起,萨特增加了对商用兴奋剂酒精和香烟的消费,但是20世纪50年代他的首选毒品变成了一种苯丙胺类药(Corydrane)——含阿司匹林和苯丙胺的鸡尾酒。为了加速思维过程,或者就只为了保持清醒,萨特自然是习惯性地过量服用此药。

开头就不顺的一年结束得更加糟糕:自愿流放洛林的戴高乐回来了,就像演一些机巧之神(deus ex machina)的滑

第四章 真实的震惊

稽剧一样(也像此前的贝当一样),他适时地出来拯救法国。尽管萨特竭尽全力影响公众的舆论,这位将军还是在那年的9月以全民公投的方式被授予了权力。第四共和国因被第五共和国废除和取代而被"拯救了",戴高乐迅速地开始着手以他自己的意象改变宪法的工作——极大地增加了总统的权力。到最后,这位将军在解决阿尔及利亚冲突的问题上被证明是比任何人所能够想象的更加灵活善变和实用主义。

这可怕的一年(annus horribilis)的第一批文学果实随着《阿尔托纳的死囚》的产出而出现于1959年。除了1965年改编欧里庇得斯(Euripides)的《特洛伊妇女》(*Trojan Women*)外,这将是萨特的剧场告别作。它是一部晦涩难懂的剧作。四小时的片长,它近乎无法被舞台化。这部剧以一个有权有势的、被戏称为大写的"父亲"的德国实业家家庭为背景。情节揭示的真相是生意继承人——弗朗茨(Frantz)——在"二战"的东线战场战斗时曾折磨过游击队员。现在他把自己锁在房间,在未来的子孙后代面前为他自己和他的时代的合法性辩护,未来的子孙后代采用了由30世纪的脾气很坏的人组成的法庭的形式。虽然这部剧作为一部在复兴的德国的背景中讨论酷刑、内疚和国家责任的戏剧可以说是完美无瑕的,但是它与现代观众的共鸣还是在其他方面：从纳粹党人中读到了法国人，从东线战场中读到了阿尔及利亚。这部剧是萨特最复杂的剧作，它探索酷刑的本质并讨论暴力在历史中所扮演的角色。从哲学的层面来说，它在很大程度上诠释了《批判》。在描绘大写的父亲方面，它似乎还有深深的病理学的味道。

大写的父亲是我们之前所提到的那个剧本的主题。约翰·休斯顿希望制作一部以"英雄岁月"为中心的关于弗洛伊德的电影：关于反对医疗制度、排犹主义的战斗，自我分析和"发现"谈话疗法。休斯顿有一个奇怪的印象，即萨特"从里到外地了解弗洛伊德的著作"。我觉得奇怪，因为萨特花了他生命最后的二十年时间来竭尽全力地否定无意识的存在，而且萨特只读了一小部分弗洛伊德的巨著。后来所发生的事情是萨特的会计一直没有拿到他的纳税申报单，萨特实际上"破产了"。休斯顿给的两万美金——甚至在 1959 年的好莱坞标准看来也是少得可怜的钱——很可能影响了萨特的决定，他接受了这个项目。萨特自己后来宣称这是唯一的推动性因素，但是这个宣言的可疑性正如它所揭示的真相一样。萨特和休斯顿看法不一致的说法某种意义上是有些轻描淡写的。他们互不理解的历史——据休斯顿的自传和萨特给波伏娃的信和一些后期的采访来看——本身就能写一整章。

第四章 真实的震惊

人们可以说萨特在面对媒介方面有问题：当他被要求削减他的初稿时，他又创作了耗时八小时的荧幕版的手稿！当休斯顿让专业编剧删减剧本时，萨特退出了演职人员名单。这部电影在1962年以《弗洛伊德：隐秘的激情》的名字上映，其主要特色是主演蒙哥马利·克利夫特（Montgomery Clift）的催眠表演。实际上，拍完的电影不仅保持了萨特创作的基本框架，而且保持了很多他强调的材料。以《死囚》中的父亲中心主义的视角看，令人印象深刻的是萨特构建剧本的方式，即剧本围绕弗洛伊德对一系列权威的父亲形象的清算而展开，围绕弗洛伊德对始终存在的他与他实际上的父亲雅各布（Jacob）的关系的清算而展开。在故事大纲的最后，弗洛伊德自己变成了大写的父亲——尽管是一个象征性的父亲——意识到他现在在他的门徒眼中必须扮演的角色。[1]

我们很有必要停下来注意一下，父－子关系（真实的或者象征的），在从少年以来的萨特作品中一直具有重要地位，但是之前大写的儿子总是胜过了大写的父亲。要弄清楚在20世纪50年代后期的作品中为什么父亲形象变得与如此邪恶的权力相关并不容易。这个主题并没有被现代的评论家

---

[1] Jean-Paul Sartre, *Le Scénario Freud* (Paris, 1984), p. 570.

1959年9月塞尔日·雷贾尼(Serge Reggiani)和玛丽·奥利维耶(Marie Olivier,万达·科萨杰维茨(Wanda Kosakiewicz)的艺名)正在巴黎文艺复兴剧院表演萨特的《阿尔托纳的死囚》

们所忽视:一位恶意的评论家认为,萨特攻击戴高乐的险恶用心正在于他所称之为的萨特的"父亲情结"。这种恶毒的、学术上粗略的描述,也许也包含了一丝真理;毕竟,戴高乐有条不紊地将他自己呈现为"国父":当然到底是好父亲还是坏父亲,这是依据个人的政治观点而见仁见智的事情。但是对于萨特,简单地讲,选择是不存在的:"根本没有好父亲。这是规律。"[1]

---

[1] Jean-Paul Sartre, *Les Mots* (Paris, 1964), p. 19.

第五章　不可多得的全球知识分子

1960年萨特到达了他声名的顶点，他的名望真的是全球性的。那年开始的时候，他和波伏娃被邀请去古巴直击正在进行的革命。他之前仅有的访问是在1949年，那时候这座岛屿还是由巴蒂斯塔（Batista）和美国黑手党所经营的一个巨大的赌博与卖淫场所。十年来，这里发生了绝不可能更激进的变革。在法国，萨特在阿尔及利亚战争日益令人沮丧的最后阶段面前陷入困境，他需要相信在某些地方希望依然存在。古巴在所有意义上实现了这种需要：这里仍旧处在革命的"蜜月期"。他发现古巴革命者尤其吸引他的地方在于他们的年轻（这一直是萨特最关心的主题）：革命政府中领导者的平均年龄不到29岁；尤其吸引他的地方还在于革命似乎很大程度是"随机应变"这个事实：这里曾经有一场革命，在这里革命的实践似乎有机地生长出了意识形态。十年后，在萨特加入法国毛主义者中时，他将再次发现这两个元素。而且，古巴是一个被压迫者：这儿是另一个大卫（David）杀死帝国主义者歌利亚（Goliath）的第三世界。

他和波伏娃在这个岛上待了一个月，从二月到三月，常常由切·格瓦拉（Che Guevara）和菲德尔·卡斯特罗（Fidel Castro）亲自陪伴。让卡斯特罗和切·格瓦拉并不感到他们需要向欧洲来的知识分子学些什么：萨特在那里对这场革命给予了他正式的认可和支持；这是一场我们现在可以称之为"第三条道路"（"mediatization"）的实践。那年的六七月间，萨特一连在法国比较流行的日报《法国晚报》（*France-Soir*）上发表了 16 篇文章来支持这场革命。这些报道的总题目是"甘蔗风暴"（"Ouragan sur le sucre"），但是它们并不都是萨特自己写的：他引发了对古巴革命的大量研究——现存的手稿多达 1100 页——这些报告文学是从那些笔记中摘录出来并且由克劳德·朗兹曼"整理的"，朗兹曼那时是《法兰西周日》（*France-Dimanche*）报纸的记者。这些文章描绘了一整幅关于这场革命的热情和浪漫化的图景，这并不是说萨特完全同意那种想象：并不是第一次，他为藐视对客观性的欲望而允许这种紧急帮助。蜜月没有持续多久，仅仅 9 个月后，当他从古巴返回之时，他注意到在面对外部的战争时政权的强硬化。萨特从来没有授权这些文章在法国再版，但是它们以西班牙语被装订成册出版,并被冠以《萨特访问古巴》(*Sartre visitá a Cuba*)的题目,这个册子在拉丁美洲和加勒比地区被广泛地传阅。甚至在今天,在哈瓦那的大教堂广场(Plaza de la Catedral)的二手书店里,花上几比索就可以买到这个册子,旁边还有落满灰尘的多卷本的马克思和列宁。

萨特返回巴黎仅仅几个月后,他就答应了再次来自美洲的邀请;这一次是巴西作家和激进分子若热·亚马多(Jorge Amado)邀请他去那个国家住上一段时间。这次访问从八月中持续到九月末,萨特认为是去古巴的旅程的一个延伸。除走遍这个国家外,他还做了好几场公开的演讲和访谈。这次旅程甚至比起去古巴的那次更加被公开宣传和政治化。我们必须去体会萨特已经变成了一个真正的国际形象——"具有象征意义的知识分子",正如科昂-索拉尔(Cohen-Solal)所说:萨特与卡斯特罗和切·格瓦拉的照片已经不仅在古巴被公开刊印,而且在法国和全世界也几乎每天都被刊印;在哈瓦那或者圣保罗所做的演讲不仅被当地人消费,而且被复制再生产到世界各地:萨特正在对全球的观众讲演。之前或者之后,再也没有知识分子到达如此广阔的公共领域。他的声名使他实际上变得遥不可及,他把他的身份发挥到了极致。前一年,马尔罗(现任戴高乐政府的文化部长)代表官方访问了巴西,并且促进了在法属阿尔及利亚问题上的政府路线;萨特下定决心要破坏他的前任的工作。他迫切地并且反复地把古巴、巴西和阿尔及利亚放在一起,向他的读者通报在阿尔及利亚的战争,并与他们自身的处境相互比较。这里的意指非常明晰:殖民——或者说经济的"后殖民主义"——是一种罪恶,无论它在哪里存在,在非洲,在加勒比,在东南亚还是在拉丁美洲,我们都必须与它作战到底。阿尔及利亚人和古巴人已经被指明了斗争的方式:那里的战斗必将取得胜利。

萨特在巴西的活动被报道得如此充分以至于他的朋友们因担心他的安全而让他直接返回巴黎。在他们的建议下,他飞到巴塞罗那,然后平安无事地乘坐小汽车回到了巴黎。但是,给萨特的安全带来隐忧的并不只有萨特激愤的演讲。至少有一个方面,就是去巴西的旅程发生在一个艰难时期:1957 年,弗朗西斯·让松为法国民族解放阵线的激进分子组建了一个支持网络;这个网络被发现并且被破坏了,它的组织者们被逮捕,1960 年 9 月 5 日对让松和他的同志们的审判在巴黎一个军事法庭上开庭。为了和审判开始时间一致,支持不服从或者是拒绝听从命令的权利的请愿书在阿尔及利亚被印刷出版。这个宣言的文本——由 121 位主要的作家、

第五章 不可多得的全球知识分子

知识分子、学者、新闻报道者和记者，当然也包括萨特所签署——以回应萨特一直以来的观点的语词结束，即被压迫者的斗争是为了**我们所有人**的利益而进行的："阿尔及利亚人民的事业，正在为殖民体系的瓦解做着决定性的贡献，它是所有热爱自由的人们的事业。"萨特没有组织请愿，但是他在签名人之列的出现，就像他在古巴和巴西的出场一样，是他的图腾崇拜性身份的进一步的例证。

审判对法国军队来说是一场惨败：如果他们试图主动挑起有关动用酷刑、残害平民的辩论，有关法国出现在阿尔及利亚的合法性或者其他什么的辩论的话，他们不可能在辩论中胜出。当军队和政府发现他们自己是被目击者重复描述的起诉主体时，原告变成了被告。但是萨特当年并不在那里：他在巴西。以证言的方式，他寄了一封为法国民族解放阵线和它的支持者辩护、公然挑衅攻击政府的信。具有讽刺意义的是，萨特甚至并没有亲自写这封信：他通过电话表明他的想法，这封信是由他的《现代》杂志的两个合作者执笔的，他的签名是高手伪造的。

萨特实际上正在挑衅戴高乐去逮捕他，但是这个挑战没有被接受——总统说了那句出了名的话："我们不能逮捕伏尔泰！"（伏尔泰当然是被逮捕了，他还被他所冒犯的贵族的侍从殴打，虽然我们并不清楚戴高乐是否记得这一切。）然而，其他人就要被惩罚：凡是签署了所谓的"121人宣言"的国家工薪阶层——包括学者和公务员——都被解雇了，在官方媒体工作的记者和员工也同样被解雇了。戴高乐以不同的方式处理知识分子和国家公务员的策略的意蕴是非常清楚的：只有前者才有权致力于道德良知事业。

阿尔及利亚战争正式结束于1962年4月对埃维昂协议（Evian agreements）全民公决的批准，但是在此之前是更残忍的流血和杀戮。一群顽固分子四月在阿尔及尔组织了暴动，随着暴动失败而来的是秘密军队组织（OAS）的形成，秘密军队组织把右翼恐怖主义带到巴黎的大街上：1960年10月就已经有1000多暴动人群在巴黎大喊："杀死萨特!"现在，他们则两次尝试炸毁萨特的公寓（分别在1961年7月和1962年1月），《现代》杂志的办公室也在1961年5月被炸毁。所有这一切证实了，在阿尔及利亚问题上，萨特的立场并非仅仅是知识分子的故作姿态。

萨特也许在人民阵线的问题上沉睡不醒，在西班牙内战期间摇摆不定，在抵抗运动中避免了直接行动，但是他没有"错过"阿尔及利亚：尽管他追从的时间比他领导的时间更多也许是事实，但阿尔及利亚当然是"萨特的战争"。

第五章　不可多得的全球知识分子

阿尔及利亚战争期间萨特正在接受记者的采访

将萨特推入1960年众人注目中心的并不仅仅是政治介入。那年4月，在他访问古巴和巴西之间，他最终出版了他在壮年时代的伟大哲学著作——或者他这么认为。像之前的《存在与虚无》一样，《辩证理性批判》已经写了十年。与萨特在20世纪50年代初和共产党人的友好实践相伴随的，是对他来说一种新尝试的开始，即在存在主义和马克思主义之间达成一种理论的综合。一个世纪前，丹麦哲学家克尔凯郭尔（Kierkegaard）通过断言生命经验的不可化约性（irreducibility）和特定性来反对黑格尔的总体论（totalizing system）；现在，萨特正在尝试实现对成为任何存在主义起点的这种主观性和辩证唯物主义方法论的客观性的理性综合。他把自己视为，从在法国共产党内被认为是马克思主义理论的"惰性"的东西中，营救马克思思想中最珍贵的东西。"怠惰的马克思主义者"把人仅仅看作是满世界的客体中的一些客体；例如他用一种不屑一顾的观察标签，例如"瓦莱里（Valéry）是一个小资产阶级知识分子"来否定像保尔·瓦莱里这样的诗人的主体性。这就是说，瓦莱里写的所有东西、做的所有事情或者所有感觉都能从这种"客观的"观察中推论出来。但是，正如萨特所指出的："瓦莱里是一个小资产阶级知识分子，这是毋庸置疑的。但是不是每一个小资产阶级知识分子都是保尔·瓦莱里。"[1] 他为自己设立的任务是无比巨大的：他正在试图为当代马克思主义提供它所缺乏的本体论基础来拯救它。

《存在与虚无》已经用了 25 万字的篇幅展开对人的基础存在论的自由的证明，《批判》用了差不多之前三分之一的篇幅再一次尝试理解：既然如此，为什么社会世界的特征依然是**异化**和**晦涩难懂**。罪魁祸首是人类自身——总是在"非

---

[1] Jean-Paul Sartre, *Critique de la raison dialectique* (Paris, 1960), p. 44.

其亲自造就的条件"下"造就他自己",但是:"历史比某种简化的马克思主义所了解的更为复杂,人类不仅要和大写的自然斗争,要和生育他的社会环境斗争,要和其他人斗争,而且要和他自己的**行为**斗争,直到变成**他者**。"[1]

这本著作包含了许多令人难忘的描述:"公车列队",被用来说明连续性的概念;巴士底狱的风暴作为一种"融合人群"的例证;"友爱—恐惧"诞生在网球厅宣誓中……但是这些正如《存在与虚无》中的咖啡馆服务员或者"我的朋友皮埃尔(Pierre)"所做的一样,甚至没有进入大众意识的外围。《批判》是非常冗长又非常晦涩难懂的书。它只是被相当小的一群专业人士——至少是哲学家——阅读,并获得了他们的高度评价。人类学家克洛德·列维-斯特劳斯,当时对这本书持严肃的保留态度,他严肃地对待它以至于叫萨特《现代》杂志的合作者让·普永于1961年在高等研究应用学院(Ecole Pratique des Hautes Etudes)就此开设了长达一学期的研讨班。米歇尔·福柯极好地将它描述为:"19世纪的人冥想20世纪的卓绝而悲惨的努力。"[2]

---

[1] *Critique de la raison dialectique*, p. 236.
[2] 'L'homme est-il mort?', *Arts et Loisirs* 38, 15 June 1966, p. 8.

萨特自己也承认《批判》的写作"不够精美"。[1]说到这一点，他要说的是文体，他用方法论的理由来解释这一点：如果文本包含了如此多冗长的通过一系列"由于"和"直至"这样的连接词连接起来的多个从句构成的句子，那是因为辩证方法的需要。但是在物理的意义上写作也不是精美的。萨特在1958年至1959年写下了全部的39万字，经常以含酒精的鸡尾酒、烟草和苯丙胺作为刺激物；这样的情况下，手稿在某种程度上难于辨认就没什么好奇怪的。正如《存在与虚无》以对一种可以追随的大写的伦理学作为承诺而结束一样，《批判》随着对下一卷即关于"历史的可知性"的宣告而结束。虽然那些笔记和草稿在萨特去世后都被出版了，但是二者都是未完成的。

自1945年他的继父去世以来，萨特和他的母亲一起住在左岸波拿巴街（Bonaparte）42号公寓里，但是在1962年1月第二次秘密军队组织袭击后，他搬到了蒙帕纳斯（Montparnasse）的拉斯帕伊（Raspail）林荫大道222号的一个第十层的工作室，将圣日耳曼德佩区时代进行到底。他的母亲则搬到附近的一个小旅馆。生活回到了所谓的常规化：

---

[1] See Michel Sicard, *Essais sur Sartre* (Paris, 1989), p. 368.

第五章 不可多得的全球知识分子

去意大利度假,三次去苏联旅行,两次会见赫鲁晓夫……但是萨特已经不再是过分乐观的苏联爱好者了:自此以后,他的同情给予了那个国家的自由主义者和持不同政见者。1963年他的公开形象是环球旅行的激进主义分子和政治体制的鞭挞者——毕竟,在之前十年除了两部剧作外,他没有以文学的方式生产任何东西,两部剧作中的后者也要推算到1959年了。所以1963年10月到11月在《现代》杂志的发表物,然后1964年,高度文学化的自传以及所有的东西都是令人惊讶的,并且一旦真正跨越了政治的光谱那就不是一点点的令人高兴了。

现在我们知道萨特是在1952年紧接着《圣·热内》的出版开始写作他自己的自传的。需要注意的是萨特自传写作行动的突然发生与危机或者转变的时刻相一致;假战争期间自我肖像的书写就是在这种情况下,1952年至1956年萨特暂时转变成法国共产党的一位"批判性同行者"时情况也是如此。但是这只是故事的一半:对20世纪50年代初自传写作行动的另一个解释,可以在写作热内传的工作本性中发现。童年时期是这本热内传中一个重点,它明确显示了较之原定计划萨特为摆脱童年的影响而更用力了。《存在与虚无》的读者推想人们"出生在25岁,并且带着一种无法以个人经验解释的记忆进入世界"[1]的想法是可以被谅解的。长期以来批评弗洛伊德式的强调童年时期在个性的形成中具有重要意义的萨特，现在似乎要从"法国的弗洛伊德"那里吸取灵感：在《伦理学笔记》中，他讨论了雅克·拉康（Jacques Lacan）在《法国百科全书》（*Encyclopédie Française*）中关于"在个性形成中家庭的复杂性"（"Les complexes familiaux dans la formation de l'individu"）的一文，并且注解道："在所有的社会中还有另一种异化（它是非常重要的）：那就是孩子的异化。"[2]从现存的手稿和笔记中我们知道萨特一开始计划写关于他成长的知识史，但是渐渐地这个焦点被缩小到他自己的童年。这里的问题在于：童年是什么时候结束的？最终他选择了一个意义重大的断裂点：他母亲1917年再婚时。

要对《词语》做任何评价都是非常困难的，它不会马上被各种条条框框的标签所限制，这主要有两个原因。到这本书的结尾，萨特创造了一个短语总结了全书："我的一生以逃避开始，外部力量使我逃避，从而塑造了我。"[3]这就

---

[1] Flann O'Brien, *At-Swim-Two-Birds* (London, 1939), p. 9.

[2] Jean-Paul Sartre, *Cahiers pour une morale* (Paris, 1983), p. 380.

[3] Jean-Paul Sartre, *Les Mots* (Paris, 1964), p. 208.

第五章 不可多得的全球知识分子

是说,他发展的视角是一种辩证的视角。萨特把辩证法想象为一个螺旋:一个辩论以循环的方式运转,但它正在持续不断地上升到下一个分析层面;每一次一个综合被达成后,依次,它就变成了开始下一个循环的论证。这意味着,在任何给定的时刻,任何作者(关于他自己)所做的断言只是暂时真实的:主观真实的,但是客观上可能是假的,反之亦然。这正是出现50页的出人意料的评述的意义:"我以上写的是假的,也是真的,或者说,不真不假,正如人们写发疯的人,写正常的人所写的一切一样。"[1] 另外一个困难在于写作的文体风格。正如手稿所示,这是"萨特所有文本中工作强度最高的一本"。哲学和理论文本通常是以一种持续喷涌的方式被写成的,很少删改和修正。文学文本很显然需要相当多文体的打磨和加工。而《词语》甚至是明显地位于后者之列:许多原稿都只有一个句子,删改和重写都在下一页纸上——有修改变更,经常还会是很大的扩展,但有时候也会有压缩。这意味着这个文本的每一个单词都是被仔细核对并为之效果细心权衡过的。其结果是非常惊人的:混杂、改编、讽刺、幽默、双关语——一副真正的各种修辞手法的

---

[1] *Les Mots*, (Paris, 1964), p. 61.

缩略图。但是所有这种文体劳作的目的何在呢？萨特自己的解释并不能完全令人信服："我想要（这本书）比其他的更文学，因为我把它视为，可以说是对文学的告别[……] 我想通过写成文学证明写成文学的错误。"[1] 但是如果这是真的，为了证明这个目的他本可以选择任何语言（技术的、大众的等）——或者就（像兰波一样）保持沉默。无论如何，这本书的结尾使之明晰了，他**并没有**了结与写作的关系。[2] 萨特关于文体本身性质的观点为该问题提供了一个更有说服力的答案。在20世纪70年代的一个采访中，他说道："那种不去说出它正在讨论什么的语言就是**文体**（style）。文体不仅仅是一种说出我们不得不说出的东西的方式，而且是一种不去说出我们不必说出的东西的方式。"[3] 当批评家宣称《词语》的文体是"令人目眩神迷的"又"十分精妙的"的时候，大概他们都没有意识到他们正在说的内容的字面真相。文本中那个讲述它自己的"我"最终不过是一种修辞效果：一种篇幅很长的矛盾修辞法。人们可以更进一步说正是这种真正的现实起初激发了这本著作的书写。萨特从对

---

[1] Simone de Beauvoir, *La Cérémonie des adieux* (Paris, 1981), p. 275.

[2] See *Les Mots*, p. 205.

[3] *Essais sur Sartre*, p. 369.

第五章 不可多得的全球知识分子

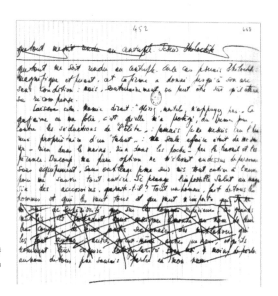

1963年萨特《词语》终稿中的一页

一种失败的承认开始写作：他知道除了用绝对不可能与未知的真相一致的词语，他不可能用任何其他的东西回答"我是谁"这个问题。语言和真相之间的关系至多可能是"渐近的"。大多数读者倾向于从表面上判断《词语》，有意地将之视为同法国文学一样具有这等特性的精华：智慧、魅力和深刻。

就好像他们一直躺着等待他一样，瑞典文学院于1964年10月突然而迅速地授予萨特诺贝尔文学奖。他拒绝了。

事情过程其实没那么简单。就在宣布之前,萨特才刚刚知道他有可能赢得诺贝尔奖,他就写信给了瑞典文学院,似乎是为了提前拒绝它。但是瑞典人忽视了这封信。奖项宣布两天以后,萨特在《世界报》(*Le Monde*)上发表了一个拒绝领奖的说明。他说到了"个人的"和"客观的"两个原因。个人原因实际上是他对体制化的恐惧。他解释说为了保持完全独立,他总是婉拒任何"官方的"荣誉(例如战后荣誉勋位):"作家必须拒绝使他自己陷入一种体制之中。""客观的"原因也与独立性相联系。他巧妙地暗示到,在东西方持续冲突的语境中,对荣誉的接受这件事毫无疑问将会以他和瑞典文学院都不会容许的方式被使用。他进一步指出,如果诺贝尔奖是在他加入民族解放阵线高潮时授予他,他可能已经接受了,但是瑞典文学院直到他在政治上再次"安全"了才授予他奖项的事实,向他暗示诺贝尔文学奖不单单是因为文学成就而被授予他的。不可避免的是他的决定被政治上怀有敌意的评论家谴责为反复无常和缺乏逻辑,但是——无论在心理学意义上还是在政治意义上——这完全是有逻辑的。萨特非常努力地对抗任何一种资产阶级社会的"召回"方式——他是那只绝对不会回到围栏的黑马;从心理学上来说,自恋主义者绝对不可能把自己降低到要以这种方式提升自己:像格劳乔·马克斯（Groucho Marx）一样，萨特拒绝加入任何使他成为一个会员的俱乐部……他唯一遗憾的似乎是随之而来的那一大笔钱：他本来可以把它捐赠给一份良好的政治事业，例如反种族隔离（anti-Apartheid）运动，那是他最近正在参与的运动。

鉴于萨特在1960年达到了他的顶峰，这意味着自此之后有一个下降。这个下降在法国内部，比在其他更广阔的萨特继续享有巨大声望的世界更加可感可触——法国总是倾向于追求知识时尚。甚至直到《批判》，萨特本质上仍然在用他在20世纪30年代和40年代所详细阐明的本体论方式工作。他的智识的动力基础是哲学，是那个学科在法国学院内的特权位置。但是，到1960年哲学的声望正在减弱。大学体系的重组正式认可了那些作为人文科学（sciences humaines）已经变得很著名的学科：主要有人类学、社会学、心理学和语言学。为萨特的整体化冒险所覆盖的巨大的知识圈正在破裂为拥有专业技术的专家所从事的微型学科。新的一代——那些战后出生的人——有了新的知识导师（maîtres à penser）：罗兰·巴特（Roland Barthes），《写作的零度》（*Le Degré zéro de l'écriture*）(1953)、《神话》（*Mythologies*）(1957)、《符号学原理》（*Eléments de sémiologie*）(1964)；

克洛德·列维-斯特劳斯，《结构人类学》（*Anthropologie structurale*）(1958)、《野性的思维》（*La Pensée sauvage*）(1962)；米歇尔·福柯，《疯癫与非理性：古典时代疯狂史》（*Folie et déraison:histoire de la folie à l'âge classique*）(1961)、《词与物：人文科学考古学》（*Les Mots et les Choses: une archéologie des sciences humaines*）(1966)；路易·阿尔都塞，《保卫马克思》（*Pour Marx*）(1965)、《读资本论》（*Lire le Capital*）(1965)；雅克·拉康，《书写》（*Ecrits*）(1966)。更不必说主要在（成立于1960年的）《如是》（*Tel Quel*）杂志上发文的年轻的作家和理论家了。新的孩子们正在热卖中，但是他们大多数很难说是"孩子"：列维-斯特劳斯只比萨特小3岁；拉康则比他大4岁。这里的例外是巴特和福柯。这场在老与新之间的战争被法国媒体升级为萨特和结构主义者们的冲突。在文学上也是如此，萨特式的介入模式受到了攻击。20世纪50年代的新小说家们（nouveaux romanciers）已经明确地把他们自己反对萨特的实践理论化了，尽管如此，罗伯-格里耶（Robbe-Grillet）还是承认《恶心》在某些方面是新小说(nouveau roman)的先驱。

这其中有很多具有讽刺意味的事情，在使许多这些新作家和理论家引起更广泛的公众注意力这件事情上，《现代》

杂志尤其重要，它比任何其他的出版物做的都要多。在《现代》杂志编委会内部，让－贝特朗·蓬塔利（Jean-Bertrand Pontalis）（他自己就是个心理分析学家）拥护新的精神分析写作，同时让·普永一直在努力使列维－斯特劳斯的结构人类学和"综合人类学"（synthetic anthropology）与萨特正在努力做的事情之间能够达成和解。娜塔莉·萨洛特（Nathalie Sarraute）——一位新小说作家——实际上是被萨特在20世纪40年代扶持起来的：她的《一个陌生人的画像》（*Portrait d'un inconnu*）多亏了萨特个人的努力才找到了一家出版商。

这种情况可能也是真的，即这些"新"作家和思想家对萨特作品投入的精力比他对他们作品的投入要多——尽管可能是批判性的。萨特的矛盾就在于此：他生活在一个百家争鸣的世界，但奇怪的是，他对他察觉到的与他自己的体系格格不入的那些观点毫无兴趣。他曾经沉浸在胡塞尔和海德格尔的现象学中，但是他已经把它吸收到了他的世界观中，而不是被它所改变。多亏了严格意义上萨特的同代人伊曼纽尔·列维纳斯（Emmanuel Levinas）（现在被认为是比萨特要时髦得多的思想家）的《胡塞尔现象学中的直观理论》（*Théorie de l'intuition dans la phénoménologie de Husserl*）——

书，萨特才发现了现象学，但是自那以后，萨特再也没有与他交往。同样的情况也发生在他对他的朋友梅洛-庞蒂（他近来恰巧也比萨特要更加受到批评界的注意）的态度上。很多采访者试图促发萨特与新的思想家之间进行一场实质性的激烈论辩，但收效甚微。当他被卷入辩论中时，经常出现的情况是，对于他们实际上已经写出的东西，他最多只有一个模糊的概念。他对一切形式的结构主义有一个标准的总体的不屑："结构"简单说就是他在《批判》中称为"实践惰性"（practico-inert）的东西的一部分，同样它们也是让人费解的，除非它们被人类**实践**所启用；结构主义者否定人类能动性的任何可能性；**他**把人类主体当作动因，然而**他们**把人类主体降到仅仅是一种话语效果的位置等。萨特的含糊其词给人造成的印象是他"失去了以往的活力"，他被封闭在过去，不再能与文学和思想王国中最新异、最激动人心的事情互动。全球知识分子的时代结束了；专家和"技师"的时代开始了。

尽管如此，《批判》的写作以及由"结构主义论争"引起的围绕知识分子角色的论辩导致了萨特更深刻地反思自己作为知识分子的身份：知识分子有什么权利以抽象的、普遍的原则的名义发言？1966 年在日本进行的三场讲座中——

第五章　不可多得的全球知识分子

但是直到1972年这些讲稿才出版——萨特清晰准确地谈到这个问题。他认为经典知识分子是随着19世纪资产阶级霸权的巩固而出现的。知识分子从那个阶级中被招募并且为它的利益服务，而且首先就是作为一个"实用知识的技工"为它的利益服务。当他开始参与到这些与他毫无关系的事件中时，他变成了一个知识分子；要做到这一点，他必须首先对自己的矛盾性有自觉的意识：他以各种价值的名义，如真理、客观性和普遍性的名义从事他的工作，但是他的劳动成果被他所服务的阶级放置在一种**特殊的**用法中——也就是说，那个阶级持续的霸权对**奋力**实现那些目标的下层阶级造成了伤害。一旦自觉的意识出现，他就变成了——这个术语到现在我们都很熟悉了—— 一个**怪物**，或者一个"矛盾的人"。对于知识分子来说，要避免由普遍性和特殊性之间的矛盾所造成的被麻痹状态的唯一路径就是辩证地面对这种矛盾。这就涉及不断地激进化的过程：在不公正这种特定问题上，知识分子必须及时地介入，而且必须总是把自己放置在为人民大众服务的位置上。但是，他应该摒弃任何幻想：他将总是一个局外人，对于他努力去服务的人民大众而言他是不受信任的家伙，对于生产他的阶级而言他是一个叛徒。

这个问题自身没有什么新鲜的——它是大部分萨特重要剧作,尤其是《脏手》的根本性主题——但是现在他似乎认识到这一切并没有解决方式:怪物必然伴随他的怪物性直到苦涩的结局。因而,他必是一个悲痛欲绝与孤寂的人物。对他而言一个更加义不容辞的任务是:他必须让自己处于一种持续不断的自我反省或者**自我批判**的过程中:这包括对已经生根的任何假设、任何思考习惯、任何已经获得的确定性的反思性消解。批评家基本上都是做出区分的人——例如把小麦从麦糠中区分出来的人——但是在萨特的**自我批判**概念中,他也是把自己和自己分开的人。这种思想与列维-斯特劳斯所描述的客观知识的习得是不同的,它要求主体在不断累积的自我疏离过程中,无穷无尽地把他自己分裂成主体和客体。在这里起作用的是深刻连续性:萨特总是通过"去一致性"来直观感知和定义他自己的"性格特征":他总是以他明天将变成的自己的名义,背叛自己,并把自己从昨天的自己中分离出来。在把《荒谬战争日记》与《词语》区分开来的 25 年里,就这一点来说什么都没有改变:"我成为背叛者,并坚持背叛。尽管我全心全意投入我的事业,尽管我对工作全力以赴,尽管我发脾气时毫不掩饰,尽管我真心诚意结交朋友,但我很快便否认自己。我知道这一点,也愿意这么做。正在激情高昂的时候，在对我未来背叛的愉快的陈述中，我已经背叛了自己。"[1]萨特把他自己构建成为一种活的悖论：构建成那种其唯一的连续性存在于非连续性中的人；其存在就是要逃离自我的连续一致性：一个人是其所是的唯一时间，一个人将永远成其所成的唯一时候，就是当一个人停止存在的时候。在这个意义上，萨特是一个与咬紧他的脚后跟的死亡同行的人。

正如我们将看到的一样，萨特生活的最后15年将为知识分子的"及时准确的介入"（punctual interventions）提供丰富的机会。但是他不再过着多重的生活。这时有一个内在和一个外在。内在是在蒙帕纳斯的公寓："家人"和上述所有女性朋友——阿莱特、波伏娃、万达、米歇尔（Michelle），周日午餐和他的母亲一起吃（一直到1969年她去世），他的音乐，他的钢琴……但是重要的是他的桌子和围绕着空白页的那一小撮灯光渐渐地消失在不规则的黑色字迹的不断进展中。每天，时钟静止，他与栖居在另一个时代的非常不同类型的文学隐士——古斯塔夫·福楼拜相会。但是，还有一个外在，在这里时钟从来不曾停止。

---

[1] *Les Mots*, pp. 199-200.

尽管萨特多次去苏联旅行，他还是对那个政权保持了高度的批判性立场，他不断地大声疾呼支持那些持不同政见者，并公开谴责对"布拉格之春"的镇压是一种"战争犯罪"。1966年，他被邀请加入由德高望重的老前辈英国哲学家伯特兰·罗素（Bertrand Russell）组织的反对越南战争罪行（War Crimes）的国际法庭（International Tribunal）。那年11月他被推选为该法庭的执行主席。第二年春天，该法庭在斯德哥尔摩开庭，秋天在丹麦再次开庭。在第二次世界大战结束时，最后被控告的纳粹党人一被审判和遣走，同盟国就赶紧解散纽伦堡法庭以免他们自己的行为与法庭的正义性相冲突。萨特写到，罗素法庭（Russell Tribunal）（随着它变得知名）的合法性，正在于它对开始于纽伦堡法庭，而且现在如此容易就被遗忘的那个过程的复活。今天，2006年，在波斯尼亚之后，在卢旺达之后，在苏丹之后，在伊拉克之中，萨特对那个法庭审判的支持的总结性发言似乎像当初一样紧迫：

> 这种罪行……每天在我们每个人的眼前发生，使所有那些不谴责它的人变成犯此罪行的人的共犯，更好地奴役我们，开始于对我们的降格。在这个意义上，帝国

主义的种族灭绝变得更加彻底：因为它通过越南民族所瞄准的群体是全人类。[1]

今天国际战犯法庭位于海牙；美国不承认它的合法性。

20世纪60年代后期萨特其他的伟大的公共性介入事件是阿拉伯—以色列冲突，但是在这场冲突中，他发现要选边站是不可能的。对于犹太人在第二次世界大战期间所遭受的迫害他非常敏感；他对犹太人通过斗争驱逐英国人，并建立了以色列国（the state of Israel）的行为表示同情，但是他也支持苏伊士危机期间的纳塞尔（Nasser），阿尔及利亚战争已经给他带来了许多阿拉伯世界的朋友。因此萨特保持了一个有意的中立立场——这并不意味着他对双方都有的对与错视而不见。带着希望阿拉伯和以色列之间对话的愿景，他和波伏娃于1967年接受了一个去埃及和以色列的"官方的"旅行。但那并不是对话的时刻：就在他们回到法国后几天，第三次中东战争爆发。1966年在萨特给以色列报纸《阿拉哈密什玛》（*Al Hamishmar*）的一篇采访稿中，他的诚心得到了恰

---

[1] 转引自 Michel Contat and Michel Rybalka (eds), *Les Ecrits de Sartre* (Paris, 1970), p. 455。

当的表达:"今天,随着阿拉伯世界和以色列的冲突,我们自己的自身似乎被分裂了,我们在这种敌对中生活,似乎这种敌对已经是我们自己的个人悲剧。"[1] 在萨特生命的剩余时间里,他将保持这种中立性,肯定以色列国安全存在的权利,同时,谴责它对巴勒斯坦人的"殖民主义"态度。十分重要的是,在萨特死的时候,以色列和巴勒斯坦媒体同时以友人的身份向他致敬。

在导致1967年至1968年全世界各地的学生运动的不满情绪中,越南战争是一个重要因素。在法国,它以一种奇特的高卢方式开始:楠泰尔学院(Faculty of Nanterre)的学生抗议阻止男学生在"学习结束后"进入女生宿舍的荒谬规则,这导致了他们和大学主管部门以及警察的暴力冲突。但正是这随机的火花点燃了火药桶:法国学生对过时的教育体系彻底失望了,在这个教育体系中,在高处的傲慢的不可触摸的教授们在快要崩溃的、过度拥挤的阶梯教室向下传达"知识";学生们对独裁主义和平庸的政府感到压抑,这个政府被对戴高乐达到了个人崇拜程度的人所把持,并且被沉寂的大众媒体所支持;他们对越南感到愤怒。楠泰尔的风暴迅速

---

[1] *Les Ecrits de Sartre*, p. 442.

第五章　不可多得的全球知识分子

扩散到了索邦（Sorbonne），自1871年公社（Commune）以来街垒第一次出现在拉丁区（Latin Quarter）。和臭名昭著的准军事武装防暴警察（CRS）之间的冲突随之而来。这些学生中没有知识分子领袖——总体上来说，他们视知识分子为问题的一部分——但是尽管如此，他们还是邀请萨特在他们已经占领的索邦的阶梯教室（Grand Amphithéâtre）对他们演讲。萨特的出席本身就足以使教室摩肩接踵，但是很少有人听到他说了什么：他的出席再一次成为象征性的。对于萨特来说，他在他们的反抗中看到了他**必然**支持的一种事业：他们年轻，他们的对手老了，他们正在反抗一个充满压迫的国家的所有的力量。但是我们不清楚他有多**了解**他们。

学生们被从索邦开除后，左岸的街垒上日益激烈的巷战持续着，终于，摇摆的公众开始支持学生，掀起了一个自发的大罢工。此时，政府快要倒了，也许甚至国家自身也要倒了……但是，随着法国共产党的帮助——这一点揭露出法国共产党自身正如萨特长期以来所怀疑的，在每一点上都是保守的——戴高乐最终恢复了表面的秩序。改革的承诺给了学生；工会——如果不是工人们自身——则被收买了。

风暴一直持续到1969年。那年2月萨特在互助大厦（Mutualité）的一个会议上（和米歇尔·福柯在同样的平台上）做了演讲，支持因为参与风暴而被开除的 34 个学生。当他准备开讲时，一个年轻的激进分子递给他一张纸条，上面写了这些字，并且使用了亲切的演讲形式你（*tu*）："萨特，说简洁一些，说清楚一些：我们需要讨论我们正在做什么！"

巷战也许停止了，但这并不是五月风暴（'68）的结束。在这之后，把五月风暴视为仅仅是开始而不是结束的年轻人组成了很多小的革命性组织——或者是**小团体**（groupuscules），他们像憎恨戴高乐一样不信任共产主义。这些组织中有一个是无产阶级左派（Gauche Prolétarienne, GP，它实际上是 1968 年 5 月**以前**不久形成的），它是一个革命的毛主义组织，致力于斗争的持续性和激进化。他们的报纸，《人民事业报》（*La Cause du Peuple*），支持所有形式的工人阶级革命斗争——从正在法国反抗解雇和工厂倒闭的工人，到美国的黑豹党人（Black Panthers）。他们很快就引起了法国当局的注意：1970 年这份报纸的两个主要管理者因为他们"从事颠覆性活动"而被逮捕，并且被关押。他们的同事们有让萨特接替这份报纸的管理者的想法，他们判断政府不敢监禁他。他一开始觉得非常迷惑："我不是很理解这些年轻人想要什么，我也不理解一个像我这样的老无能（vieux

第五章　不可多得的全球知识分子

1968年萨特正在演讲

con）能在这个事件中扮演什么角色。"[1] 但是"老无能"接受了，后来承担了差不多十二期这个极左出版物名义上的管理者任务。但是，在《人民事业报》这个事情上，一开始仅仅是表面的庇护的东西后来变得更有实际意义：萨特开始和他的年轻的对话者们辩论，甚至亲自真正编辑了两期报纸。在当权者注意到他们努力在街上售卖《人民事业报》时——

---

[1] 转引自 Cohen-Solal, *Sartre, une vie 1905–1980*, p. 605。

逮捕他们且常常暴打他们——萨特、波伏娃和其他人走上街道亲自参与卖报活动,力图激起警察最大的挫败感。他们真的逮捕了他,但是他很快就被尴尬的警察局(commissariat)给放了。萨特对毛主义者们和他们所信奉的事业的支持当然不仅是象征性的——至少在他的眼里。这并不是说他和他们在每一件事情上的看法都一致。他非常谨慎,并不会给他们可能采取的**任何**行动以无条件的支持,对于他们的非法武装派别他也总是非常警惕。后来,无产阶级左派在实现利普工厂(Lip factory)工人合作社的成功创建之后,于1973年10月解散了,在没有他们的情况下,工人们实际上可以把这个合作社管理得很好。

1970年到1973年可能是他生命中政治上最激烈的时期;他希望使"新知识分子"具象化,这些年他所从事的活动当然展示了他对那个术语的理解是什么。他全力投入到对移民工人的支持中,对他们恶劣的生存条件表示抗议;他涉入工人的安全问题中——尤其是矿井中的工人;他反抗巴黎古得多(Goutte d'Or)街区的种族主义;与福柯一起,他加入到对监狱体系进行彻底改革的事业当中;他发起对警察暴行和包庇问题的实例的寻访——最著名的是对皮埃尔·奥维尼(Pierre Overney)案例的寻访,他被一个在布洛涅-比扬古（Boulogne-Billancourt）的国有企业雷诺工厂（Renault factory）工作的武装警卫枪杀了。更远的战场上，萨特参加了苏联犹太人被阻止移民的事业，同时他也写信号召以色列人停止迫害正直的反对者。1974年，他拜访了安德列亚斯·巴德（Andreas Baader），红军旅（Rote Armee Fraktion）的前任领导人，他在一个德国监狱被单独囚禁。1975年后，不良的健康状况迫使萨特减少了这种"及时准确的介入"，但是，甚至到1979年底，他还身体力行地支持越南"乘船外逃的难民"。

有一件事情，萨特和年轻的毛主义者们特别不一致，那就是他所从事的职业工作。激进分子建议他最好能通过写一本通俗的小说来支持工人！但是萨特绝不会做这样的事情；他断断续续一直写了差不多20年的著作快要完成了，它离"通俗小说"能想象得有多远就有多远：《家庭的白痴》的第一卷和第二卷——一本关于古斯塔夫·福楼拜的存在主义传记——于1971年5月同时出版，加起来超过了1500页；第三卷于第二年出版，使得总页数远超过了2100页。萨特不是说过他总是把充裕当作美德嘛！

萨特在《家庭的白痴》的开头提出的问题看似简单："关于一个人我们今天能够知道什么？"他写出的2000页仅仅是

回答的**开始**:在文本结束时,萨特甚至没有写到福楼拜第一本代表作的出版那一时间,即福楼拜三十多岁的时候。研究的结构是非常直接的:如果说整个著作是一个扩展了的短语——"你在已经构建了你的东西的基础上制作你自己"——的话,那么第一卷重构了什么是"构建"作为小孩的古斯塔夫的东西。构成古斯塔夫的"被动性"的主要因素是与一个称职但冷酷的母亲的关系——这位母亲可能并不被精神分析医师如温尼科特(Winnicott)视为"足够称职";还有和一个严厉的、傲慢的和有名望的父亲的关系,以及同一个年长的仅仅想成为他父亲的复制品的哥哥的关系。非常令人奇怪的是在20世纪40年代和50年代如此诋毁精神分析的萨特,对缺乏关于卡罗琳·福楼拜(Caroline Flaubert)到底怎样给他的儿子喂奶,怎样抱着他的儿子的相关信息而感到十分痛惜!之后,第一卷重构了"构造过程":"这就是古斯塔夫。他就是这样构成的。毫无疑问,任何一种刻印在个人身上的果敢都是他'经过'体验它的方式获得的。"[1] 第二卷(《个人化》)是这种超越(dépassement)——或者福楼拜怎样基于他被其他人构建的基础开始制作他自己。第三卷开始探索

---

[1] Jean-Paul Sartre, *L'Idiot de la famille*, 3 vols (Paris, 1971; 1972), p. 653.

第五章 不可多得的全球知识分子

福楼拜选择虚构作为表达方式,以及他的一种逃出其所置身的双盲实验中的方式。这里包含着一个令人震惊的冗长的对福楼拜在彭莱维克(Pont L'Evêque)于他哥哥的陪伴下所遭受的所谓癫痫发作的多重意义的辩证详述:萨特把这种"发作"当作福楼拜"发明的"改变那种愈发难以生存的现实的方式(值得注意的是,它是一种绕过那种他应该"接受一种职业"的家族期待的方式)。

《白痴》是最彻底应用辩证的"落后—先进"法的。这涉及一种连续的在过去和未来之间的回返,在内部和外部之间的回返:一方面,主体被放置在他的社会、他的环境、他的时代,另一方面,作为他(在他的行动中,他的创作中等)将一整套被给定的条件内化(interiorizes)和再外化(re-exteriorizes)的过程,主体的谋划(project)被把握。这是萨特自《辩证理性批判》以来的尝试,即在那种给了历史的决定性充分的力量,同时不将之作为一个终极动因的真正的辩证运动中,消解主体性和客体性之间的对立。

回顾萨特长长的存在主义传记计划清单——它包括一些这里没有提到的人,例如艺术家丁托列托(Tintoretto)——某种范式开始浮现。在每一个例子中(除了在福楼拜中,在那里母亲是有缺陷的),都有一种和一位被理想化的母亲的排他的关系；在每一个例子中，田园牧歌般的生活都是被一个占有压倒性位置的父亲形象所打破。所有这些主体都是一种艺术家或者另一种艺术家（通常是"诗人"），而且在每一个例子中，核心的难题都是为什么这个主体选择虚构想象作为优先的"在令人窒息的时刻"对存在主义危机的逃离方式。如果，像我之前所说，萨特正在这些形象中寻找对他自己映象的一瞥，我们基本上只能推断他在那里看到了什么。令人印象深刻的是，在巨大的驱使他的传记冒险的"认知意志"和他对自己的父亲自称的几乎完全的无知之间的对立："关于那个人，在我的家庭里没有人成功地使我感到好奇。"[1] 如果自我的书写，当被推回足够远时，总是遭遇一个起源的神话的话，那么很可能让-巴蒂斯特仍旧是一个巨大的神话形象，这对他的儿子来说意义重大："我从传闻中知道他，像铁面人或者永世的骑士（Chevalier d'Eon）。"[2]

被长期的过度工作和各式各样的物品滥用所拖垮，萨特的健康已经处在一种危险的状态中。酗酒和不健康饮食（他尤其喜欢吃高脂肪的猪肉饮食和猪肉熟食，他实际上对任何类似绿色蔬菜的东西都过敏）导致他动脉粥样硬化，经常会

---

[1] *Les Mots*, p. 20.

[2] Idem.

中风或者出血。1971年5月他有过一次小的中风，但是1973年3月他遭受了更严重的一次中风，6月他那只本来还好的眼睛大出血后完完全全盲了。在《词语》中，在自我讽刺模式中，他神奇地预言了那将降临在他身上的命运："等我风烛残年的时候，我眼瞎的程度甚至超过贝多芬耳聋的程度，我摸着黑创作最后一部著作。在我身后人家找出这份手稿时大失所望：'但是它根本无法辨认！'……后来有一天，一些年轻学者出于爱我，试图辨认这份手稿，他们得花毕生的精力来重整那原来是我的杰作的手稿。"[1] 他在各方面都说对了，只除了一个方面：那就是再也不会有杰作了。《家庭的白痴》的第四卷将永远无法完成了。

萨特眼瞎的最残忍的后果就是那种定义他生命的活动——写作——被终结了，因而在某种意义上，他的生命也终结了。表面上，他毫不自怜地接受了这个事实，但私下里，那是一个完全不同的故事——一个被波伏娃在《永别的仪式》(*La Cérémonie des adieux*)里记录了某些细节的故事。

他的行动力的降低和身体上对他人的依赖（他后来得了糖尿病）没有阻止他尽他所能继续**行动**。但是写作——他的

---

[1] *Les Mots*, p. 173.

绝对存在的理由（raison d'être）——不再可能：他本来可以学会触摸打字，但是他不可能重读自己：重读对于萨特而言是一个文学生产的关键阶段。无论如何，打字是不可接受的替代品：通过手的书写的身体过程某种程度上对于他的创造性来说是本质的。这样就剩下声音了。的确，萨特在1973年后所"写"的所有东西实际上都是从录音磁带上听写的或者转录的。1974年，由皮埃尔·维克多（Pierre Victor）和菲利普·加维（Philippe Gavi）联合署名的《造反有理》（*On a raison de se révolter*）出版，这是1972年到1974年间萨特和两个年轻的毛主义者之间的系列访谈（entretiens）（既有"采访"，也有"谈话"）的被编辑过的版本。这个出版物背后的动机既是金钱的也是智识的：它带来的金钱被用来创建新的左翼报纸《解放报》（*Libération*），并且维持它的传播。也是在1974年，萨特以那年夏天和秋天与西蒙娜·德·波伏娃长时间的面谈的形式继续写他的自传续集；这些面谈覆盖了他的文学、他的哲学和他的个人生活。

当考虑到萨特最后几年的口语工作时，我们可能**恰恰**可以忆起在他看来说和写的区别是什么。尽管他在20世纪40年代对作为交流手段的书写进行了理论化（许多评论家错误地认为这是他最后的观点），但萨特不止在一个场合——

第五章 不可多得的全球知识分子

特别是在 20 世纪 70 年代——说到书写对他来说最重要的事情，就是他称为"文体"的东西。文体是那种允许作家隐藏起来或者不交流同时也交流的东西。失去文体，口语表达不能给予讲话者隐藏起来的空间……最持久的，最有争议的谈话（entretien）实践发生在萨特公寓的隐秘处，发生在他生命的最后五年。

涉入无产阶级左派期间，他与一位年轻的毛主义者建立了特别亲密的关系。皮埃尔·维克多——他的真名是贝尼·莱维（Benny Lévy）——是一个犹太人，他在开罗一个讲法语的家庭长大。他的家庭在苏伊士事件期间搬离埃及。莱维（自此以后我将叫他的名字）最后来到了巴黎高师。在 1973 年无产阶级左派解散后，他和萨特开始常规性地会面并讨论他们俩最关心的问题：建立一种非集权的社会主义的可能条件。莱维每天早晨都会去萨特的公寓，每天早晨他们的对话都会重新开始。莱维也大声地为萨特朗读他自己不能再读的书。那时候莱维从官方上来说是没有国籍的——这至少可以部分地解释他为何采用假名——但是后来多亏萨特找了吉斯卡尔·德斯坦（Giscard d'Estaing）直接介入，莱维成为了法国公民。他们的关系也在 1975 年当萨特让他成为他的"特殊秘书"时正式化。人们很容易把他们的关系看作萨特想要获得一个儿子去与他已经有的（养）女结伴同行的迟来的尝试，但是这种阐释是有问题的，尤其是萨特憎恨父子关系。要把他们俩看成老师和弟子的关系也是有问题的：萨特讨厌被视为老师，甚至当他战前在中学教书，是一个真正的老师时，他也没有通过权威而是通过激励和灵感来组织教学；莱维也不是充满幻想的学生，关于萨特著作他有着令人惊讶的细节知识，他不害怕批评和辩论。而且他非常精通理论化的马克思主义——特别是阿尔都塞的著作。萨特自己把他们的关系呈现为平等的关系：他们称呼对方为"你"（这使萨特的随从特别气愤）。但是这也是有问题的：毕竟，莱维是个几乎不曾发表过任何东西的无名小卒，而萨特是全球最知名的知识分子。而且萨特是他的雇主。

萨特的传记作者们发现要解释这种关系是非常困难的，这里至少有两个原因。首先，这是一种私人的和独立的关系，这使人莫名其妙地想起萨特描述的另一种被他的母亲讲给他的经验："一直以来，（我的母亲）都告诉我，我们是孤独的和私密的，远离人们，远离诸神和牧师，两个人在树林里，和那些其他的仙子们在一起。"[1] 这种排外性是萨特一直

---

[1] *Les Mots*, p. 41.

第五章 不可多得的全球知识分子

保持的状态。他的个人生活被划分到一种极不平常的程度，而且总是如此。科恩－索拉尔说比如米歇尔·维安（Michelle Vian）和阿莱特，直到萨特去世后才真正会面——尽管她们俩至少25年都是他最亲密的伴侣；同样，莱维和阿莱特直到萨特去世前三年才成为朋友。他的朋友们来去他在蒙帕纳斯的公寓，但是实际上就像外面大街上的路人一样打个照面而已。其次，萨特生命最后几年恶语相向的周围环境导致那个时期痛苦的痕迹都显露了出来。波伏娃的回忆录依然是萨特传记材料最充足的原始资料，但是没有人可以断言它们是客观的；《永别的仪式》——覆盖了萨特生命的最后10年——是所有回忆录中"最有偏袒的"。它是一个令人非常不安的文本，它用痛苦的、冗长的细节，描述了萨特在身体和精神方面虽然不断地衰弱，但他依然坚持以巨大的求生意志去与那种不可避免的命运相抗争。合上这本书，我们不确定在多大程度上这是一个寡妇对她毕生所爱的赞歌，在多大程度上这是一个面对那个她感到最终背叛了她的男人的女人的痛苦的复仇。到最后，二者也许都有：这是一部充满了矛盾情绪的著作，这种矛盾情绪赋予这部"哀悼之作"独有的特征。她对莱维的陈述非常负面：她出于自私的动机而如此对他，但是显然当提到如何理解萨特自己从这个关系中所得到的东西时,她就非常困惑。莱维,则站在他的立场上说,波伏娃的失败就在于她没有抓住萨特曾经分配给他们每一个人的身份角色的本质:她是一个不变的过去,但是他是一个开放的未来。

尽管如此,如果说萨特最后几年被尖刻、多疑和妄想所毁,那么责任最终还是在于他自身:到最后,在他的个人生活中,他是那个控制人物角色入口和出口的剧作家。

日益激化的敌意,被相互的不理解燃起,在1978年时达到了顶点。此时,莱维自己的智识关注已经发生了一个惊人的转变:这位无神论者犹太激进分子已经发现了卡巴拉(Kabbala)和犹太法典(Talmud),并且与他自1977年以来一直关系密切的阿莱特一起开始了他们严肃认真的研究。正是在这种背景下,他于1978年2月为他自己、萨特和阿莱特组织了一个短期出访以色列的旅程。这次访问的目的是为了能使萨特和一小撮以色列与巴勒斯坦知识分子讨论以色列—巴勒斯坦冲突。据说,这些讨论非常表面肤浅;但是风暴却真的在他们返回巴黎后爆发。莱维把这次访问整理成了文章,并把它发给了《新观察家》(*Nouvel Observateur*)的让·达尼埃尔(Jean Daniel)。文章署名为"萨特-维克多"。关键的问题是,萨特甚至没有向他称为他的"小法官"的女

第五章 不可多得的全球知识分子

人提到这篇文章。波伏娃当然发现了这篇文章，阅读了它并且请求萨特不要出版它：她说这篇文章非常不严谨，论辩无力并且研究不充分。这并不是第一次萨特发表一篇具有以上缺点的文章，所以真正的问题在别处：对于波伏娃和《现代》杂志的同事来说，这篇文章不能真正代表他们所认为的萨特的思想。但是萨特已经给了莱维特许，无论是出于什么原因——也许是出于对保守派的怯懦或者反抗——他拒绝撤回这个决定。由于各种情况，他也没有告知莱维波伏娃的意见；莱维在《现代》杂志编辑部一次气氛非常不好的会议上——他参加的最后一次编辑部会议，直接得知了波伏娃的意见。

曾经无声的冲突和敌意现在公开了。后来就更糟糕了。萨特和莱维之间的日常会话继续着，且越来越多地漂移到莱维对犹太教的关注上。他们意图共同出版一份全新的联合出版物。萨特非常热情地谈到这项事业——临时为之取名为《权力和自由》（*Pouvoir et Liberté*）——并声称把它视作对政治和伦理进行长期反思生涯的顶点。在同样的精神下，他向让·达尼埃尔提议《新观察家》应该出版一篇长篇的萨特—莱维访谈，在这个访谈中，他将总结关于这本书他们已经做的工作，并且解释他的新立场。1980年2月萨特让他的"小法官"读这个文本，但是被她暴力的回答弄得不知所措（据说她含着眼泪，愤怒地把手稿挥向满屋，并且告诉他，他**不能**出版它）。她的观点以及《现代》杂志保守派的观点是，一个不再完全拥有其批判鉴赏能力的老人已经被一个有着他自己的信仰行动的有力量的年轻人所迷惑和欺骗。

但是萨特不再听取这个女人的意见，这个女人曾是他一生的文学和哲学倾听者或检查员。莱维亲自把手稿投递到了《新观察家》的办公室。受波伏娃、博斯特、普永和朗兹曼等人的电话所困扰，达尼埃尔犹豫了。此时，萨特自己打电话给达尼埃尔——对萨特来说极其不寻常地——用他的权力下达了最后通牒：达尼埃尔**必须**发表这篇文章，全文发表，否则他，萨特将马上把它投到别处。这个引起争议的文本以"今天的希望"（"L'Espoir maintemant"）为题分三期发表：3月10日、17日和24日。直到今天，这篇文章的价值和意义仍被专家学者们争论：它真的标志着对萨特最基本的概念如此激进的否定？这篇访谈录转向了一种"希望的伦理"的可能性，实际上，它覆盖了很多主题：人文主义、责任和互惠性、左派的未来（或者它的没有未来）、友爱和民主。这场"对话"虽然没什么特别需要指出的，但是也没有什么有争议的地方，直到它提到犹太教。通过对《关于犹太人问题

第五章　不可多得的全球知识分子

1979年6月26日
让-保罗·萨特、安德烈·格吕克斯曼和雷蒙·阿隆在巴黎爱丽舍宫

的思考》的讨论，莱维把萨特带到犹太教这个话题，而这一点毫无疑问就是波伏娃和她的朋友们被如此地激怒的问题所在：萨特似乎正在暗示伦理（作为革命的终极目标）只能以某种**弥赛亚主义**（messianism）的方式被真正地思考。这是那个公然抨击任何救赎希望都是一种幻觉或者骗局的萨特；那个把存在主义描述为不过是尝试从坚定的无神论

中得出所有的结论的萨特……波伏娃选择用在萨特死后重申其无神论立场来结束《永别的仪式》无疑是值得注意的，她明显是要尝试驱散飘荡在《今天的希望》文本上的弥赛亚主义的气息："我和其他人的关系是直接的——他告诉她——他们不再经由全能的神绕道而行，我不需要上帝才能爱我的邻居。"[1]

萨特刚好活到看到《今天的希望》的出版。3月20号因为肺水肿，他以紧急患者的身份住进了布鲁塞（Broussais）医院。一开始，并没有什么特别的情况要担心，但是之后，他的肾功能停止了，手术不可能进行了：他太脆弱了。从那一刻起，他被宣判了死亡。虽然也有过短暂的缓解，但是状况恶化之后，他陷入昏迷，从此以后他再也没有醒过：1980年4月15日晚上9点左右，他去世了。

---

[1]　*La Cérémonie des adieux*, p. 558.

第六章 萨特的死亡和生命

为操控萨特生命意义的斗争随着他的死亡开始了。这个斗争同时在公共领域、私人领域以及公共领域和私人领域之间进行。

一般公众几乎不知道或者完全不知道萨特生命最后几年他"家庭"内部的糟糕关系。西蒙娜·德·波伏娃是第一个跳出来的:《永别的仪式》(1981)记录了萨特自20世纪70年代以来身体和精神的衰弱过程。这些访谈的内涵意图很清晰,即为法国读者和全世界读者心目中的"萨特意味着什么"刻画一个"最终形象"——即使这些访谈早在1974年就开始了。阿莱特·埃尔·克汉姆和贝尼·莱维在波伏娃的书中没有以良好的声名出现。1981年12月,阿莱特在《解放报》上给波伏娃发了一封公开信,警告她说"这次你做得太过分了"。[1]

---

[1] *Libération*, 3 December 1981.

每个女人都在用她所拥有的武器。萨特为自己的文学遗产所选择的继承人是阿莱特，而不是波伏娃：阿莱特用这个优势于1983年出版了《荒谬战争日记》和《伦理学笔记》，并附有注释和引言。波伏娃则控制了其他材料，她在同一年出版了两卷萨特给她——和"其他一些人"——的书信。贝尼·莱维在1984年以《人之名：与萨特对话》（*Le Nom de l'homme: dialogue avec Sartre*）打破了他的沉默。[1] 围绕萨特—波伏娃伴侣形象的争斗到1986年波伏娃死时也没有结束：1990年，她的养女，茜尔维·勒·邦-德·波伏娃（Sylvie Le Bon-de Beauvoir），出版了波伏娃给萨特的书信以及她的战争日记。在萨特的书信和战争日记与波伏娃的书信之间进行相互对照，我们会注意到后者中有一些很有意思的缺损——这说明编者，甚至在主要人物都去世后，依然热衷于处理这两个人物用他们一生时间所树立的伴侣形象。

萨特刚一去世，公共领域就开始了"为了萨特的战争"。国家和地方的每一个广播和电视台都把这个新闻作为主要节

---

[1] Benny Lévy died in 2003, but his publisher, Verdier, has cashed-in on the Sartre centenary by republishing the work referred to here, as well as two other Lévy texts: *L'Espoir maintenant* and *La Cérémonie de la naissance*.

目;从第二天开始,在持续一个多月的时间里,各种日报、新闻周刊和增刊都沉浸在前所未有的疯狂中。大量的材料足以证明已经消失的这个人物的重要程度。共产党人和资产阶级右派并非头一次采取了不约而同的立场。两方面都试图通过把萨特抽离历史语境,赞扬他作为艺术家、作家或者法国知识分子化身的无时性的品质,来否定他作为一个政治活动家的意义。世界五大洲都出现了各种纪念文章和讣告。拉丁美洲、加勒比地区和非洲的评论家全体一致地真诚悼念"一个朋友的离去"。在巴西,作家若热·亚马多认为萨特是"战后最重要的人,是对今日世界产生了最重大影响的人"。巴勒斯坦一个记者则唱出了令人印象深刻的反调,他暗示说,萨特的真正同情总是在以色列一边。《华盛顿邮报》认为,甚至在1956年后,萨特仍旧是一个共产主义者。《消息报》(*Iszvestia*)关于萨特去世的消息写了整整五行文字。[1]

震惊过后,诋毁随之而来。过去25年,每一个重要的周年纪念日都能看到各种报刊、杂志新的新闻报道。自

---

[1] This section is indebted to Annie Cohen-Solal, *Sartre, une vie 1905—1980* (Paris, 1985), pp. 658-662, as well as to the author's own dusty and badly referenced scrapbook.

1990年以来——随着新保守主义在苏联解体后沾沾自喜地到来——新闻报道负面消息尤其多，特别是在法国。新闻杂志如《快报》(*L'Express*)、《新观察家》以及《观点周刊》(*Le Point*) 多次把萨特作为封面人物。而在文章报道中，读者则被号召去"忘记萨特"，但是这些重要出版物的经济逻辑阻止它们做这样的事情：毕竟，萨特的面孔和名字，甚至在遭到诋毁时，依然可以保证杂志的销量。

2005年——萨特死后25年和他的百年诞辰——一直是意义最重大的周年纪念。这一年召开了许多国际学术研讨会，出版了（专为周年纪念而准备或趁此机会再版的）大量新书，还有许多旧经典也经常伴着重要的"修订"而再版。[1] 萨特的戏剧也再生了；国家图书馆（Bibliothèque Nationale）举办了为期最长的"作家萨特"展；电视机和收音机播放了萨特其人的各个侧面和对他著作的重新评价。

但这些都是为什么？在写作《书的世界》(*Le Monde des Livres*) 时，米歇尔·孔塔（Michel Contat）于2005年3月

---

[1] The re-issue of François George's excellent *Deux Essais sur Sartre* (Paris,1976) is a case in point; the author – now calling himself François George Maugarlone – explains: 'I've cut out a few Lacanian phalluses and added a little Aronian water to my Marxist wine'.

第六章 萨特的死亡和生命

1980 年西蒙娜·德·波伏娃和萨特在巴黎

评述道:"纪念,纪念!各种报刊、杂志把萨特同时放在封面,是因为好奇他是应该被中伤,还是声明除了冷漠萨特不再能引发任何讨论——或者有时候二者兼而有之吧。"他接着说,各种证词在指责和圣传之间摇摆。但是,人们可以看出记者和学术评论员的证词之间存在质的区别,后者已经到达了对人品头论足的程度——把小麦从麦壳里区分出来的程度。这一点甚至在确立知识分子概念的历史学家如让-弗朗索瓦·西里奈利(Jean-François Sirinelli)和米歇尔·维诺克(Michel Winock)那里也是如此——他们两个谁都不能被指责为左翼煽动者。[1]记者们，总体来讲，都在设法把他们自认为公众想要的东西给予公众：意见（偏见）和观点（无知）。在法国出版界，这一点在很大程度上是由这些记者为之写作的那些报刊、杂志的政治色彩决定的。在英国，情况的不同非常有趣。只有那些"严肃的"报纸天真地认为自己是中立派或者"左派"，因而要费心给萨特留出重要的空间——大概是为了迎合它们的读者群被假定的知性身份。但是，在英国，对萨特生命的评价是戴着有色眼镜的，基本不取决于我们正在讨论的出版界的政治立场，而是取决于典型的英国反知识分子主义和恐法症：在《英法友好条约》(*Entente cordiale*)百年纪念的时候，针对"老朋友"的民族成见和公然的种族主义显然也是可以接受的。在许许多多的印刷和广播媒体的实例中，一个最好的实例就是2005年6月17日《独立报》(*The Independent*)的评论部分所刊载的文章。两页的文章声称要"探索（萨特的）遗产"。随着一声几乎听得见的叹息，作者总结道："尽管萨特在激进的美国复兴

---

[1] Jean-François Sirinelli, 'Sartre–Aron, les frères ennemis', *Le Monde des Livres*, 11 March 2005, p. vi; Michel Winock, 'La passion de l'erreur...et de la justice', *Le Nouvel Observateur*, 3–9 March 2005, p. 62.

第六章 萨特的死亡和生命

了[1],但幸存下来的很可能是艺术家兼作家萨特,而不是政治思想家萨特。"有一个观点我们应该给予注意,尤其当它是被一个对萨特著作了如指掌的学者提出的时候,这个学者对萨特著作的广博知识致使他断言《家庭的白痴》是"在萨特刚死后出版的"。这篇文章结尾非常动人:"要把他的著作和他这个人挥之不去的、小心谨慎地精心制作的人格面具区分开来是不可能的:牙齿腐烂的、在花神咖啡馆(Café de Flore)不断地抽着高卢香烟(Gauloises)的'忙碌的知识分子(原文如此)'。"毫无疑问,这个形象保证足以使所有不吸烟的拥有完美齿列的英国"知识分子"安心。

当然,要把著作和人格分开是可能的;要寻找著作和人格之间的关系也是可能的,但是要做这两件事情中的任何一件都必须首先阅读作品。因此有必要提出"谁还在阅读萨特"这个问题。《世界报》对法国大学文学系和哲学系的三十多岁的研究者进行了一系列采访。抽样是随机的,实际的统计数字显示,统计结果在很大程度上与在法国完成的硕士和博士论文相关。在法国哲学系,萨特今天——就像他曾经一直

---

[1] Hardly a revival: Sartrean theory has been 'applied' in the USA to subjects such as sexism, homophobia, anti-black racism etc. for at least the last fifteen years.

所是一样——是一个边缘的人物。现象学的学生读胡塞尔、海德格尔和梅洛－庞蒂,但是很少读萨特。他不再被设置为大学或中学教师资格考试(agrégation)的考试内容。他的文学理论——如果曾经是——现在则不再作为现代文学(lettres modernes)专业的学生的一种理论模型。在后殖民研究中,参照点是福柯和爱德华·萨义德(Edward Saïd);在法国读者眼中,萨特给法农的《全世界受苦的人》所做的声名狼藉的序言甚至被认为是"埋没了"法农自身(虽然他现在在英语世界正在经历某种意义上的复兴)。在萨特一生从事的所有领域里,在理论参照点这方面看,与更多的"专业"思想家相比他就显得黯然失色了。正如我们在上一章节看到的,这种趋势早在20世纪60年代就开始了。毫无疑问,这一切在很大程度上是由法国大学制度中哲学系和文学系之间严格的划分造成的:萨特毕竟在融合这两种学科实践上产生了比任何其他20世纪的作家——甚至加缪——更伟大的影响。但是可能也是由于萨特思想的绝对的**独特性**,我们必然会总结出的他的独特性问题才会被提出。

与萨特持续相关或者不相关的一些问题——确实是他生命的意义——多年以后到现在,还在被假设是他的"错误"这个标题下被争论:"萨特的错误(les erreurs de Sartre)"。

第六章　萨特的死亡和生命

在法国，就像在其他地方一样，这些"错误"的用处就在于使整个萨特的事业失效：一个同情斯大林主义者的人，一个与毛主义者共事的人，一个替阿尔及利亚或者慕尼黑"平民"的"恐怖杀戮"辩护的人在一切事情上都**必然**是错误的。这些论证的不合理之处无须多言；但是甚至那些承认萨特在有些事情上可能是"错的"，在其他事情上则是"对的"的人也忽略了一个重要的问题。要理解这一点，我们必须回到萨特自己关于人死后的生命所经历的变迁所言及的内容。

《禁闭》中的人物在世上是死了的——也就是说，他们不再能"意识到在世界上的实际存在物了"。这种戏剧性的幻想在《存在与虚无》中被详细地解释说明。只要我活着，我的生命的意义就绝不会是固定的：它总是能被未来的我的选择和行动所修改，同时也被其他人的行动和判断所修改。"死者的生命"是那种不再能（被那个经历它的人）从内部修改的生命，但是又是一种它的意义因此（被活着的人）不断地从外部修改的生命。死者的生命被生者占有："死者的生命的特征，就在于它是一种他者把他自己变成这个生命的监护人的生命。"[1] 活着的人可以采取各种态度对待死者的

---

[1] *L'Etre et le néant*, p. 599.

1946年巴黎波提涅尔剧院（Théâtre de Potinière）上演的《禁闭》一次演出中的一幕

生命，死者的生命被委托给了他们：他们可以选择保留、忘却或者冷漠。但是甚至数十亿的作为一个个人被遗忘的死者并没有停止存在；他们作为集体存在："被遗忘实际上是，被绝对地理解，而且永远作为一个因素被并入到大众中……令一个人丧失其个人存在，正是为了他和他人一起在集体存在中被构建。"[1] 监护权在这里就是指一种对意义的监护权：

---

[1] *L'Etre et le néant*, p. 600.

第六章 萨特的死亡和生命

生者因而决定着成千上万的死者的生命的意义——既是"留存"又是"忘却"——死者经常默默地萦绕着他们；但是生者不是通过决定死者个人的行为或者那已经消失了的团体的行为**是对是错**来决定死者的意义的——这个过程是更加微妙和没有定论的："正是我和我同代的人决定了前一代人的努力和事业的意义，我们的决定方式要么是通过接手和继续他们的社会和政治事业，要么是通过做出果断的决裂并把死者的事业追溯为无效。"[1] 只要有活着的男人和女人们正在建造世界并且重新定义人性，死者的生命的意义就总是会"悬而未决"。从这个角度来看，"萨特**确实**错了吗？"的问题只能在历史的终结（End of History）之处被回答（然而这样一来，也不会有人在那里询问这个问题或者回答它了）。因而这个问题应该被重述为："萨特将是错误的吗？"此问题的答案不在萨特的行为中，而在我们自身的行动中。例如，如果我们创造一个世界，在这个世界中社会不公从不被质询，在这个世界中悲惨就像出生的意外一样被接受，或者在这个世界中酷刑被认为是正常的，那么萨特就将是错误的——当然只要那样的世界存在。也许这正是为什么这样的问题

---

[1] *L'Etre et le néant*, p. 601.

从未被提出的原因:萨特在天之灵提醒我们作为人的责任。这正是他为什么至今还是一个缠绕不休的形体(corpse)的原因。[1]

---

[1] 'Bref, ce mort insupporte encore beaucoup'. Michel Contat in *Le Monde des Livres*, 11 March 2005, p. i.

参考文献

萨特著作

L'Imagination (Paris, 1936)

La Transcendance de l'ego (Paris, 1965 [1937])

La Nausée (Paris, 1938)

Le Mur (Paris, 1939)

Esquisse d'une théorie des émotions (Paris, 1939)

L'Imaginaire (Paris, 1940)

L'Etre et le néant (Paris, 1943)

Les Mouches (Paris, 1943)

Huis Clos (Paris, 1944)

L'Age de raison (Paris, 1945)

Le Sursis (Paris, 1945)

L'Existentialisme est un humanisme (Paris, 1946)

Réflexions sur la question juive (Paris, 1946)

Morts sans sépulture (Paris, 1946)

La Putain respectueuse (Paris, 1946)

Baudelaire (Paris, 1947)

Situations I [Essais critiques] (Paris, 1947)

Les Mains sales (Paris, 1948)

Situations II ['Qu' est-ce que la littérature?'] (Paris, 1948)

La Mort dans l'âme (Paris, 1949)

Situations III [Lendemains de guerre] (Paris, 1949)

Le Diable et le bon Dieu (Paris, 1951)

Saint Genet, comédien et martyr (Paris, 1952)

Kean (Paris, 1954)

Nekrassov (Paris, 1955)

Les Séquestrés d'Altona (Paris, 1959)

Critique de la raison dialectique, vol. i: *théorie des ensembles pratiques* (Paris,1960)

Les Mots (Paris, 1964)

Situations IV [Portraits] (Paris, 1964)

Situations V [Colonialisme et néocolonialisme] (Paris, 1964)

Situations VI [Problèmes du marxisme, 1] (Paris, 1964)

Situations VII [Problèmes du marxisme, 2] (Paris, 1965)

L'Idiot de la famille. Gustave Flaubert de 1821 à 1857 (Paris, I and II : 1971; III : 1972)

Situations VIII [Autour de 68] (Paris, 1972)

Situations IX [Mélanges] (Paris, 1972)

Un Théâtre de situations (Paris, 1974)

On a raison de se révolter with Ph. Gavi and P. Victor (Paris, 1974)

Situations X [Politique et autobiographie] (Paris, 1976)

Oeuvres romanesques (Paris, 1981)

Lettres au Castor et à quelques autres (Paris, 1983)

Cahiers pour une morale (Paris, 1983)

Le Scénario Freud (Paris, 1984)

Critique de la raison dialectique, vol. II : *l'intelligibilité de l'histoire* (Paris, 1985)

Mallarmé. La lucidité et sa face d'ombre (Paris, 1986)

Ecrits de jeunesse (Paris, 1990)

L'Espoir maintenant (Paris, 1991)

Les Carnets de la drôle de guerre [nouvelle édition augmentée d'un carnet inédit] (Paris, 1995 [1983])

Théâtre complet (Paris, 2005)

萨特著作英译本

The Imaginaire, trans. Jonathan Webber (London, 2003)

The Transcendence of the Ego: A Sketch for a Phenomenological Description, trans. Andrew Brown (London, 2004)

Nausea, trans. Robert Baldick (London, 1963)

Intimacy, and other stories, trans. Lloyd Alexander (London, 1949)

The Emotions: Outline of a Theory, trans. Bernard Frechtman (New York, 1948)

Being and Nothingness: an Essay in Phenomenological Ontology, trans. Hazel E. Barnes (London and New York, 1958)

The Flies, trans. Stuart Gilbert (London, 1946)

No Exit, trans. Stuart Gilbert (New York, 1967)

The Age of Reason, trans. Eric Sutton (London, 1947)

The Reprieve, trans. Eric Sutton (London, 2001)

Iron in the Soul, trans. Gerard Hopkins (London, 1950)

Existentialism and Humanism, trans. Philip Mairet (London, 1980)

Anti-Semite and Jew, trans. George J. Becker (New York, 1995)

Three Plays: Crime Passionel [sic]*, Men without Shadows, The Respectful Prostitute* (London, 1969)

What is Literature?, trans. Bernard Frechtman (London, 1993)

Lucifer and the Lord: A Play in Eleven Scenes, trans. Kitty Black (London, 1952)

Saint Genet: Actor and Martyr, trans. Bernard Frechtman (London, 1988)

Kean, or, Disorder and Genius, trans. Kitty Black (London, 1954)

Nekrassov: A Farce in Eight Scenes, trans. Sylvia and George Leeson (London, 1956)

Loser Wins: A Play in Five Acts, trans. Sylvia and George Leeson (London, 1960)

Critique of Dialectical Reason, vol. i, *Theory of Practical Ensembles*, trans. Alan Sheridan-Smith (London, 1976)

Critique of Dialectical Reason, vol. ii, *The Intelligibility of History*, trans. Quintin Hoare (London, 1991) [unfinished]

The Words, trans. Bernard Frechtman (New York, 1964)

Between Existentialism and Marxism, trans. John Mathews (London, 1974)

The Family Idiot: Gustave Flaubert 1821—1857, trans. Carol Cosman, 5 vols (Chicago, 1981—1993)

Sartre on Theater (New York, 1976)

Quiet Moments in a War: The Letters of Jean-Paul Sartre to Simone de Beauvoir, 1940—1963, trans. Lee Fahnestock and Norman MacAfee (New York, 1993)

Notebooks for an Ethics, trans. David Pellauer (Chicago, 1992)

The Freud Scenario, trans. Quintin Hoare (London, 1985)

Mallarmé, or, the Poet of Nothingness, trans. Ernest Sturm (University Park, PN, 1988)

Hope, Now: The 1989 Interviews, trans. Adrian van den Hoven (Chicago, 1996)

War Diaries: Notebooks from a Phoney War, November 1939–March 1940, trans. Quintin Hoare (London, 1984)

萨特研究著作

本研究主要倚重的是安妮·科昂-索拉尔所撰写的原创性的萨特

传记，但下面列出的其他传记研究（贝尔托莱 [Bertholet]、艾曼 [Hayman]、莱维）都各有优势。威克斯（Wickers）的传记文本研究是近年来萨特研究方面最有洞察力的书籍之一。

Barnes, Hazel E., *Sartre and Flaubert* (Chicago, 1981)

Bertholet, Denis, *Sartre* (Paris, 2000)

Catalano, Joseph, *A Commentary on Jean-Paul Sartre's 'Being and Nothingness'* (Chicago, 1980)

——, *A Commentary on Jean-Paul Sartre's 'Critique of Dialectical Reason'*, vol. I (Chicago, 1986)

Caws, Peter, *Sartre* (Boston, MA, 1979)

Cohen-Solal, Annie, *Sartre 1905–1980* (Paris, 1985)

Contat, Michel et al., *Pourquoi et comment Sartre a écrit 'Les Mots'* (Paris, 1996)

Contat, Michel and Michel Rybalka, *Les Ecrits de Sartre* (Paris, 1970)

Drake, David, *Sartre* (London, 2005)

Goldthorpe, Rhiannon, *Sartre: Literature and Theory* (Cambridge, 1984)

Hayman, Ronald, *Writing Against: A Biography of Sartre* (London, 1986)

Howells, Christina, *Sartre: The Necessity of Freedom* (Cambridge, 1988)

Idt, Geneviève, *Les Mots: une autocritique en 'bel écrit'* (Paris, 2001)

Jeanson, Francis, *Sartre par lui-même* (Paris, 1955)

Lévy, Bernard-Henri, *Le Siècle de Sartre* (Paris, 2000)

Louette, Jean-François, *Jean-Paul Sartre* (Paris, 1993)

McBride, William, *Sartre's Political Theory* (Bloomington, IN, 1991)

Wickers, Olivier, *Trois Aventures extraordinaires de Jean-Paul Sartre* (Paris, 2000)

评论

萨特和存在主义在英语世界的学术论辩的主要论坛是"国际萨特研究"（Sartre Studies International，由 Berghahn Books Ltd: www.berghanbooks.com 发布）。

互联网[1]

毫不夸张地说，有成千上万的网站关注萨特——但质量参差不齐。以下网站是可靠的和权威的，并且提供了通向其他有用网站的链接。

http://www.jpsartre.org

http://www.alalettre.com/sartre-intro.htm

http://condor.stcloudstate edu/~phil/nass/home.html

http://www.sartre.org

http://fr.wikipedia.org/wiki/Jean-Paul_Sartre

http://plato.stanford.edu/entries/sartre

---

[1] 此为当时作者提供的参考网站，现今部分网站因某些原因无法登录或域名变动。——编辑注

图片使用致谢

作者和出版商希望表达他们对下列解释说明材料和／或允许复制材料来源的感谢。

Photo Bibliothéque Nationale de France: p. 121; photo courtesy of Editions Bonnier Archives, Stockholm: p. 19; photo Library of Congress, Washington, DC: p. 67 (Office of War Information Photograph Collection, Washington Division, LC-USW3- 057448-C; photo J. Sherrel Lakey); photos Rex Features: pp. 6 (© Lipnitski/Roger-Viollet, 4430550), 56 (© Rex Features/Sipa Press, 229116B), 117 (© Rex Features/Sipa Press, 515620A), 131 (© Rex Features/Sipa Press, 23626A), 141 (© Rex Features/Sipa Press, 515610B); photos Roger-Viollet (courtesy of Rex Features): pp. 66 (© LAPI/Roger-Viollet, LAPI-134-29420), 106 (© Lipnitzki/Roger-Viollet, LIP-012-053-081), 107 (© Collection Roger-Viollet, RV-807763), 111 (© Lipnitzki/Roger-Viollet, LIP-138057-039), 145 (© J. Cuinières/Roger-Viollet, JAC-11619-16), 150 (© Lipnitzki/Roger-Viollet, LIP-134-025-001).